子どもの育ちを考える

教育心理学

―人間理解にもとづく保育・教育実践―

高櫻 綾子 ［編著］

朝倉書店

執筆者 （執筆順，[ ] は担当章）

高櫻　綾子（たかざくら　あやこ）　青山学院大学教育人間科学部 [編集，1章]

寶川　雅子（ほうかわ　まさこ）　鎌倉女子大学短期大学部初等教育学科 [2章]

溝部　聡子（みぞべ　さとこ）　社会福祉法人厚生館福祉会かわさき里親支援センター
さくら [2章コラム]

菅井　洋子（すがい　ようこ）　川村学園女子大学教育学部 [3章]

小林　正明（こばやし　まさあき）　東京都児童相談センター／
文京区子ども家庭支援センター（併任）[3章コラム]

齋藤久美子（さいとう　くみこ）　平安女学院大学子ども教育学部 [4章]

石川かおる（いしかわ）　日本基督教団小石川白山教会附属愛星幼稚園 [4章コラム]

米田　英嗣（こめだ　ひでつぐ）　青山学院大学教育人間科学部 [5章]

高橋　雄介（たかはし　ゆうすけ）　京都大学大学院教育学研究科 [5章コラム]

市村賢士郎（いちむら　けんしろう）　独立行政法人大学改革支援・学位授与機構 [6章]

熊谷　茂之（くまがい　しげゆき）　前 さいたま市立春野中学校 [6章コラム]

岩田　恵子（いわた　けいこ）　玉川大学教育学部 [7章]

米田　陽子（こめだ　ようこ）　東京学芸大学大学院教育学研究科／
日本学術振興会特別研究員 [7章コラム]

後藤　崇志（ごとう　たかゆき）　大阪大学大学院人間科学研究科 [8章]

鈴木　佳子（すずき　よしこ）　青山学院大学学生相談センター／
主婦会館カウンセリング室 [8章コラム]

序

「目に見えない，手で触れられないモノなど信じない」．これは以前よく耳にしていた言葉です．今や「目に見えない」ウイルスに怯え，「触れ合わないこと」が互いの身を守る術になりました．食事をともにし，何時間も語りあかしたり，ハイタッチで喜びを，抱きしめることで悲しみを分かち合っていた日々は遥か遠い昔のようにすら感じます．

ICT の急速な広がりにより，いつでも，どこでも，容易に，人や世界とつながることができて社会の進歩や利便さを感じる反面，授業や仕事，会食や帰省にも「オンライン」が求められると，人と人との間が分断され，社会とのつながりが希薄になってしまうような不安や恐れを抱き始めます．画面越しに世界中のあらゆる光景を目にし，出来事や情報を知ることができたとしても，人間には直接会って話したい，自分の足で訪れて見聞きし，触れてみたいという，他者や社会とつながることに対する根源的な欲求があるからです．ここに「社会の中でかかわり合いながらともに生きる」という，人間が生まれながらにもつ性質を垣間みることができます．

私たちは人生の中で，今までに見たことや経験したことだけでは立ち行かない現実にぶつかることもあります．そうした現実を乗り越えようとするときに「信じられない」と思う心を出発点にすることもできるのではないでしょうか．歴史を紐解いてみれば，現在では当たり前とされていることでさえ，「信じられない」と思われることから始まっている事柄が多くあります．冒頭の言葉を人が口にするときには，目には見えず手で触れられなくとも希望を抱きたいと強く願う心の映し返しがあるように思います．

本書の企画・編集にあたり，"人間"について問い，その教育について考える教育心理学のテキストだからこそ，当たり前だったことが崩れ去ったかのように感じる現在だからこそ，大切にした思いがあります．それは『目の前の状況や現実が変わらない（変えられそうもない）とき，そこに別の視点があることを意識する』です．そこで本書は3つの柱を特徴として据えました．

第一に，**あなたが考える**ことを求めます．従来の多くのテキストでは，読者は書かれた内容を読むことが中心でした．しかし学んだ知識や理論は，実際にいかすことが大切です．とくに教育心理学は実践的な性格を有する学問であり，保育・

教育実践と切り離せない関係にあります．そこで本書は，教育心理学の基礎的な知識が幅広く身につくように，わかりやすく解説するとともに，各章に演習を設け，読者が自分の考えをまとめながら読み進めていく構成にしました．これにより，自分に身近なこととして学び，記憶し，多角的に理解を深めます．本書を通して学んだ内容を保育・教育実践にいかすと同時に，保育・教育実践をより深く省察するためのヒントを本書の中に見つけてほしいと願っています．

第二に，**他者と分かち合う**ことを促します．保育・教育現場で実際に生起するさまざまな課題に対して自分一人で取り組むには限界もあります．だからこそ他者と意見を交換し，話し合い，協力することが必要です．そこで本書は保育・教育に関する疑問を話し合うためのコラム（【みんなで考えよう！】）を設けました．さまざまな現場で活躍されている専門家の回答を掲載していますが，それを唯一の正答ととらえるのではなく，あなたが自分の考えを整理し，みんなで話し合う際の羅針盤にしていただけたらと思います．

第三に，**さまざまな人の多様な場面に応じる内容**になっています．各部・各章には親しみやすいタイトルをつけました．教育心理学が扱う内容は，日常生活や保育・教育実践にもいかせるからです．さらに各執筆者が大学で授業を行っている経験をもとに，対面・オンライン授業（自己学習・オンデマンド・リアルタイム），講義・演習科目で使用できる工夫がされています．読者も保育者・教員を目指す学生のみなさん，現職の方々と幅広く想定しており，授業テキストとしても一般的な読み物としても読みやすく，少人数〜多人数の授業におけるアクティブラーニングや職員研修の教材として活用されることを願っています．

最後に問いかけたいと思います．「みんなちがう　だから　みんないい」と「みんなちがう　だけど　みんないい」は似ていますが，意味が異なります．本書を通して教育心理学を学ぶ中で，あなたの答えをみつけてください．

本書の出版に向けてご尽力くださいました執筆者の先生方と朝倉書店編集部の皆様，本書を手にしてくださった方々に心から感謝を申し上げます．

2021年5月

編者　高櫻綾子

目　次

第**1**部

若いからできること
歳を重ねるからこそ輝くこと

第1章

人生って何だろう？
－生涯発達からみた「今の自分」－

　「大きくなったら何になりたいですか？」多くの人が幼いときに一度は問いかけられたことがあるのではないだろうか．あるいは「将来は○○になりたいです」と卒業式で宣言したり，卒業文集に書いたことがあるかもしれない．

　みなさんは，今，その願いや希望を叶えていますか？

1.1　人は生涯にわたって発達する

　「若いっていいわね」「早く大人になりたい」という言葉には，それぞれに対する羨望があり，「最近の若者は」「いい歳の大人が」という言葉には否定的な内容が続くことが多い．こうした年齢や世代を称した言い回しは日常生活の中に当たり前のように存在しており，ここには若さと歳を重ねることを対極にとらえる節がある．筆者は仕事柄，幼稚園や保育所に伺う機会が多いのだが，これまでは「お姉さん」だった呼び名が「誰のママ？」と尋ねられるようになったのはいつからだっただろうか．そんなことを考えていると，90歳を超える現役園長から「まだ卵から出てきたヒヨコよ」と笑い飛ばされる．自分ではまだ若いつもりでも，より若い世代からはそうは見えず，「歳をとったなぁ」と思っていると人生の諸先輩からまだまだと言われる．「生年月日」や「年齢」は，氏名に次いでその人を証するものとして，あらゆる場面で聞かれたり，書いたりするが，「○歳だから△△」（逆に「△△だから○歳」）と言い切れるのだろうか．

1.1.1　発達の定義

　「発達」と「成長」は，歳を重ねることを表す言葉として思い浮かべやすい．両者は似ている言葉であるが，その定義は異なる．

　発達（development）とは，「受胎（受精）から死に至るまでの変化」をいう．この変化には2つの側面がある．1つは，身長が伸びる，体重が増加する，唱えられる数が増えるなどの量的な変化であり，このうち量的増大を**成長**（growth），量的減少を**衰退**という．衰退と聞くと，よいイメージを抱きにくいが，ある部分が成長するために別の部分の衰退が必要なこともある．たとえば新生児にみられ

るさまざまな**原始反射**は，生後2〜3カ月で消失し，
それに代わって意図的な行動が現れる．また生後し
ばらくの間は，母国語以外の音の違いも聞き分けら
れるが，次第に自分に最もよく語りかけられ，周囲
でもよく耳にする1つの言語のみを聞き分け，理解
するようになることで初語をはじめとする母国語の

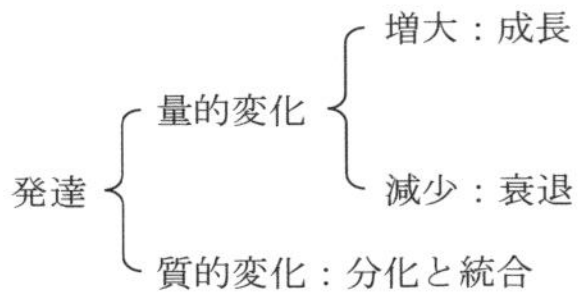

発達 { 量的変化 { 増大：成長
　　　　　　　　減少：衰退
　　　質的変化：分化と統合

図 1.1　発達の仕組み

獲得が促されていく．このように発達するという営みには衰退も含まれている.

　一方，発達のもう1つの側面は質的な変化である．たとえば赤ちゃんは手を握っ
たり，ひらいたりして手全体で同じ動きをし，次第にそれぞれの指を動かしてモ
ノをつかむという動きへと変化していく．こうした質的な変化を**分化**と**統合**とい
う．未分化な状態から次第に複雑化，特殊化して独立して働くようになり（分化），
独立した各部分が組織化され，調整されて，より複雑な統一体となる（統合）.

　このように発達は量的な変化と質的な変化の双方を含む概念である（図 1.1）.

1.1.2　発達のとらえ方

　発達についてとらえるうえで，もう1つ重要な視点がある．それは定義からも
わかるように「受胎（受精）から死に至るまで」という人生のすべての期間を対
象としていることである．自分や弟妹，親，祖父母を思い浮かべてほしい．歳を
重ねることでできるようになるものもあれば，歳を重ねたことで今までできてい
たことでも時間がかかり，むずかしくなることもあることがわかるだろう．とく
に歩く，走るなどの運動能力や記憶力にはこの傾向が認められやすい.

　しかしながら先述したように，発達は質的な変化も含む概念である．たとえば
本を読み返したときや音楽を聴いたときに，歳を重ねたからこそ感じる味わい深
さがあったり，若いときには逃げ出してしまうような困難に対してうまく対処で
きるようになったりなど，歳を重ねるからこそ可能になる発達の側面も併せもっ
ている．それゆえ人生のそれぞれの時期に応じた課題があり，それらを1つずつ
達成していく過程そのものが発達といえる．このように生涯にわたって発達して
いくことを**生涯発達**という.

1.1.3　発達段階と発達課題

　これまで述べてきたように，発達とは受胎（受精）から死に至るまでの量的・
質的な変化であると同時に，人生のそれぞれの時期に応じた課題を1つずつ達成
していく過程である.

　では，人生それぞれの時期における課題とはどのようなものなのだろうか．この問いを考えるうえで，まず「人生それぞれの時期」に着目しよう．日本には還暦（60 歳），古希（70 歳），米寿（88 歳）など長寿の祝い歳があるように，年齢は人生の節目を表す．一方で冒頭に記したように，年齢は人によってイメージやとらえ方が異なる．これに対して，ある時期に共通してみられる発達的な特徴をもとに区分したものを**発達段階**（表 1.1）といい，各発達段階において達成することが望まれる課題を**発達課題**という．

表 1.1　発達的な特徴をもとにした発達段階の区分

胎生期	受胎（受精）〜出生まで
乳児期	出生後〜満 1 歳まで
幼児期	1 歳〜 6 歳（小学校入学）まで
児童期	6 歳〜 12 歳（小学校卒業）まで
青年期	12 歳〜 22 歳頃まで
成人期	22 歳頃〜 65 歳頃まで
高齢期	65 歳頃〜

　表 1.1 に示した年齢は，おおよその目安であり，発達をどのような観点からとらえるかによって区分の仕方も異なる．また，ある発達段階（たとえば幼児期）でも，領域（運動，知能など）ごとに発達の様相が異なることから，各領域における特徴を発達段階として一概にまとめることはできないとの考えもある．

　さらに保育者や教員には，各段階における発達的特徴とともに**個人差**も理解したうえでクラス（学級）運営を行うことが求められる．とくに発達初期の乳幼児期には留意が必要である．たとえば保育所の 0 歳児クラスには，4 月の入園時点で 1 歳となり歩き始める段階の子どもと，首がすわった段階の月齢の子どもがいる場合もあり，言葉や運動などの発達面に加えて，食事や睡眠などの生活面も大きく異なる．それゆえ個人差に配慮した個別の働きかけと同時に，各段階の発達をふまえた集団への働きかけの双方が必要となる．

演習 1.1　あなたの発達課題は何ですか？

（1）人生曲線を描いてみよう．

　誕生から現在に至るまでの特徴的な出来事（たとえば第 1 志望に合格）で嬉しい，楽しい，達成感などのプラスのイメージは線の上に点を描きます．逆にマイナスのイメージは線の下に点を描きます．感覚の強さで線より上（下）に表してください．それぞれの点には，その時の年齢と「第 1 志望に合格」など簡単に出来事を記します．最後にすべての点を曲線で結びます．

誕生	現在

（2）どのように発達課題を克服したか？

　曲線で上から下あるいは下から上というように，変化があった時期に着目し，その時の発達課題は何であり，どのようにして乗り越えたかをまとめてみよう．

（3）これからの発達課題は？

　現在あるいは今後に向けた自分の発達課題は何かを考え，その課題の達成に向けて必要なことを考えよう．

1.2　生涯にわたって発達していくために大切なこと

　1.1 節では，人間が生涯にわたって発達していくことを学んだが，何もしなくてもある時期になれば発達するというわけではない．そこで人生のそれぞれの時期に応じた発達課題を 1 つずつ達成し，生涯にわたって発達していくために何が必要かについて考えていこう．

1.2.1　発達を規定する要因

　発達を規定する要因としては，**遺伝**と**環境**がある．遺伝的要因がより強く影響するものを**成熟**（maturation），環境的要因の影響がより強いものを**学習**（learning）という．成熟は遺伝など個体に生得的に備わった要因や可能性による変化であり，誕生後の環境や経験にはあまり左右されない．一方，学習は一定の練習や訓練，経験によって生じる変化であり，後天的な環境的要因による影響を受けやすい．このように両者は異なる意味をもつことから，どちらが発達により強く影響するか（保育や教育という側面からみたときには，成熟をより重視する立場と学習をより重視する立場ともいえる）について議論がなされてきた（図 1.2）．

　たとえばゲゼル（Gesell, A. L.）らは，一卵性双生児に階段のぼりの実験を行い，早くから訓練を行っても効果が低いのに対して，身体の発達が十分備わった時期になると短期間で階段をのぼることができるようになることを示し，学習にはそれに見合う成熟が必要であると指摘している．この学習に対する心身の準備状態（ある事柄を学習するために十分な心身の状態となっていること）を**レディネス**（readiness）という．

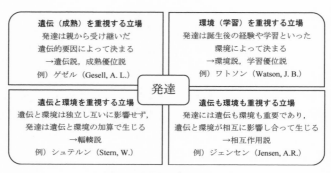

図 1.2　発達を規定する要因

　レディネスが成立しているか否かは，学習の効果に加え，学習者の意欲にも影響する．とくにレディネスが成立していない段階での学習は，課題の達成を困難にするだけでなく，やる気を失わせてしまいかねないことから留意が必要である．

　一方，環境の役割を重視する立場には，行動主義（経験主義）を提唱したワトソン（Watson, J. B.）や精神分析の創始者フロイト（Freud, S.）がいるが，ここではローレンツ（Lorenz, K.）の実験から，**初期経験**の重要性を述べる．ローレンツはカモなどの離巣性の鳥類が生まれて初めて目にした存在（ただしある程度動きがあり，鳴き声に反応を示すことが必要）を親と認識すること，親として認めるのは初めの1度きりで非可逆的であることを示し，**刷り込み**（刻印づけ，imprinting）と呼んだ．こうした環境からの働きかけや経験が最大限の効果をもち，それが永続的・非可逆的であり，この時期を逃すと学習が成立しなくなる時期を**臨界期**（critical period）という．

　たとえば歩行や言葉の発達には，発達初期に適切な環境の下で刺激を受け，働きかけられることが必要であり，こうした経験を十分に積めずに後の時期に獲得しようとすると，より大きな困難を伴い，その後の発達にも著しい影響を及ぼす．そのため発達を促し，保育・教育を効果的に行うのに最適な時期を理解することが重要となる．ただし「人間にも明確な臨界期が存在するか」については否定的な見解が強い．とくに学習は，時期によって経験の身につきやすさに差が生じることがあるものの，時期に加えて，“適切なかかわりによる保育・教育”も重要である．そこで現在は，特定の時期を逃したら学習が成立しないと考えるのではなく，刺激や働きかけを受けやすく，学習が行われやすい時期ととらえ，**敏感期**（sensitive period）と呼ばれることも多い．

　このように発達を規定する要因については，遺伝（成熟）と環境（学習）のそ

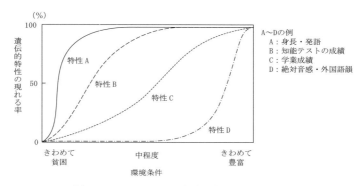

図 1.3　ジェンセンによる環境閾値説

れぞれを重視する立場から見解が示されてきた．しかしながら遺伝的要因（成熟）のみの重視は教育無用論，環境的要因（学習）のみの重視は教育万能論につながる危険性もあることを理解しておく必要がある．

　一方，遺伝と環境の双方を重視する立場がある．その１つがシュテルン（Stern, W.）の輻輳説である．これは遺伝と環境を独立したものとみなし，互いに影響はしないとしたうえで，発達は遺伝と環境の加算によって生じると考える．

　しかしながら成熟するためには環境からの働きかけや経験が必要である反面，学習にもその学習が可能となるレベルの成熟が必要となる．そこで現在は，両者を二者択一的にとらえ，完全に対立する概念として理解するのではなく，遺伝も環境も相互に影響するという**相互作用説**が採用されている．ジェンセン（Jensen, A. R.）は，図 1.3 に示したように，ある特性が発達するためには，一定水準（閾値）以上の環境が必要であり，それ以下の場合には発達が抑制され，その特性が出現しないと述べている（**環境閾値説**）．たとえば身長は遺伝的要因の影響度合いが高いのに対して，絶対音感は遺伝的要因以上に環境的要因の影響度合いが大きくなる．

　以上より，生まれたときから備えられていた生得的な要因（遺伝的要因）が後天的な要因（環境的要因）によって外に引き出されることで発達が生じ，その際の遺伝と環境の相対的な影響の度合いは，領域（身体，言葉，運動，学業成績など）により異なると考えられる．

1.2.2　生涯発達に必要不可欠なこと

　人間は人とのかかわりがなければ生きていけない存在であり，さまざまな人とのかかわりを通して発達していくことから，「どのような人と，どのようにかか

わり，どのような環境の中で過ごしてきたか」を知ることは，発達をとらえる重要な視点となる.

演習 1.2　あなたの「今」につながる出会いとは？

　これまでの自分を振り返って，各時期に自分が影響を受けた人とその理由を枠内にまとめてみましょう.

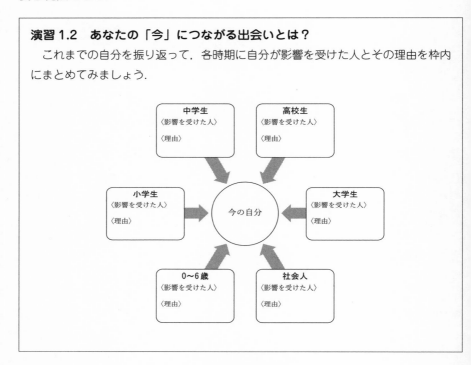

　演習 1.2 において，どのような人物や理由があげられただろうか. なかには現在に至るまで一貫して影響を受けている存在もいれば，時期ごとにさまざまな出会いとかかわりがあることで今の自分につながっている場合もあるかもしれない. ここでは人とのかかわりの原点に着目してみよう.

a. 人生の土台としてのアタッチメントと基本的信頼感

　人とのかかわりとして，ボウルビィ（Bowlby, J.）は発達初期（乳幼児期）の**アタッチメント**（特定の他者との間に築く緊密で情緒的な絆）の重要性を指摘している. そこで 2 ～ 4 歳頃の**第一次反抗期**から発達におけるアタッチメントの重要性について考えることを通して，1.1 節で学んだ発達課題について理解を深めよう.

　一般に 2 歳頃から自己主張が激しくなり，「イヤ！」という意思表示に加えて，それまで大人にやってもらっていたことを「自分で！」「自分でできる！」と言い張り，やってみるものの，できずに癇癪を起こす反面，それまで自分でやって

きたことやすでに自分でできることを「やって♡」と甘える姿を見せ始める．これは養育者との間にアタッチメントが築かれており，その絶対的な安心感・安全感を基盤に，自立という新たな発達課題に向けた過程で生じる現象である．ここに**発達の連続性**をみることができる．

　すなわち養育者との信頼関係や絶対的な安心感・安全感を十分に実感し，経験してきたことで，「何かあれば必ず守って助けてくれる」という信頼をもとに，養育者のもとから 1 歩踏み出し，「自分でやってみよう！」という意欲が高まり，「自分で！」「自分でできる！」と言い，挑戦していく．しかし同時に，子どもは「できなかったらどうしよう」という不安も感じている．だからこそ「やって♡」と甘えることで，養育者からの手助けを「自分で！」「自分でできる！」と断ったにもかかわらず，失敗してしまった場合でも，これまでと変わらずに愛され，受け入れてもらえるかを確かめようとするのである．それゆえ子どもからの要求に常に応じることがむずかしくても，子どもからの甘えを受け止め，じっくりとかかわる機会ももつことにより，子どもが養育者とのアタッチメントを感じとり，安心して，さまざまなことに挑戦していくことを支える必要がある．このことからも発達の連続性を意識した保育・教育実践によって，子どもに各段階の発達課題を乗り越えるための力を養うことが重要といえる．

　こうした発達の連続性を踏まえた発達課題の克服については，エリクソン（Erikson, E. H.）によっても提唱されている．エリクソンは，生涯発達の観点から人間の一生を 8 つの段階にわけ，各段階で獲得すべき発達課題を設定し，健全なパーソナリティの形成のためには各段階における発達課題を順次達成していくことが必要であるとしている（表1.2）．人生最初の発達初期に**基本的信頼感**を獲

表 1.2　エリクソンによる心理・社会的発達段階

段階	時期	心理・社会的危機
Ⅰ	乳児期：0 ～ 1 歳	基本的信頼　対　不信
Ⅱ	幼児期前期：1 ～ 3 歳	自律性　対　恥，疑惑
Ⅲ	幼児期後期：3 ～ 6 歳	自発性　対　罪悪感
Ⅳ	児童期：6 ～ 12 歳	勤勉性　対　劣等感
Ⅴ	青年期：12 ～ 20 歳代初期	自我同一性　対　同一性拡散
Ⅵ	成人初期：20 歳代初期 ～ 40 歳頃	親密性　対　孤独
Ⅶ	成人中期：40 歳頃 ～ 65 歳頃	生殖性　対　停滞
Ⅷ	成人後期：65 歳頃 ～	自我の統合　対　絶望

注：各段階は，肯定的側面と否定的側面が対となっているが，どちらか一方を獲得するというわけではなく，否定的な部分を抱えながらもそれを克服し，肯定的な部分を身につけていくことが重要であり，ある段階で獲得できなかった肯定的な部分を後に獲得し直すことも可能と考えられている．

得することで，その後の発達過程においても「自分は愛されており，価値のある存在である」と確信し，自他への信頼感を抱くことにつながると考えられる．

b. 保育・教育の効果と価値

発達初期に，自分は愛されており，価値のある存在であることに確信をもち，人を信頼できるかは，1人の人間の人生に加えて，社会全体にも大きく影響する．たとえば経済学者のヘックマン（Heckman, J.）は，アメリカでの Perry Preschool Program の結果をもとに，各家庭が子どもにどのくらいのお金を投資するか以上に，国や自治体が就学前教育に対して公的資金を手厚く投入することが子ども本人にとっても社会にとっても効果的であると指摘している．

このプログラムでは，同一の小学校区に居住する 123 人の幼児（黒人家庭で貧しく，知能テストの結果が平均以下）を 2 つのグループ（保育経験グループ／家庭保育グループ）に分け，就学前の保育経験の有無がどのように影響するかについて，長期にわたる追跡調査を行っている．その結果，40 歳の段階で保育経験グループのほうが学歴が高く，収入が多く，持ち家率が高く，より経済的に安定していることが示された．また両者に違いが生じた要因は，非認知能力 [1] と考えられており，幼少期に認知能力に加えて，社会性や情動といった非認知能力を幅広く身につけることで，その後の学習がより効率的・継続的に行われやすくなり，大人になってからの幸せにもつながるとしている．

1.3　発達の連続性をふまえた保育・教育の担い手となるために

1.3.1　教育心理学を学ぶことを通して理論と実践をつなぐ

1.2 節で学んだように，1 人の人間の人生だけではなく，社会にとっても大きな効果と価値をもつ保育・教育とはどのようなものだろうか．この問いに心理学的にアプローチするのが「教育心理学」である．

教育心理学は，保育・教育の場におけるさまざまな事柄を対象とする学問であり，保育・教育にかかわるさまざまな問題に取り組むための心理学的な基礎を学ぶことで，保育・教育実践に役立とうとする実践的な性格を有している．その際，心理学的基礎の中でも，発達について理解していることが基本となる．なぜなら乳幼児，児童，生徒がどのように発達していくのかを知らなければ効果的な保育・教育を行えないからである．それゆえ本書では，さまざまな発達や理論について学んでいくと同時に，それらをどのように保育・教育実践につなげるのかについ

て考えていく．

　たとえば折り紙を折ることを考えてみよう．幼児期には1人で折り紙の本を見ながら折ることがむずかしい場合も多い．また保育者がクラス集団に向けて折り方を教えながら製作活動を行ったり，養育者から1対1で折り方を教わることもあるが，その後に1人で折ろうとするとわからなくなり，「折って！　つくって！」と訴える光景もよく目にする．このような場合に，再び一緒に折りながら教える方法もあるが，図1.4のように実際の折り紙を使って，"ひと折りごと，どのように折るかのプロセスがみえるもの"を用意する方法もある．

　図1.4は，筆者が大学生のときにオーストラリアの園で子どもと保育者に折り方を伝える際につくったことをきっかけに，日本の幼児向けにつくったものである．このポイントは，①実際に折り紙でひと折りごとに折って貼付すること，②矢印で順番を示すこと，③簡単な言葉やマークを用いて説明を書くこと，④最後に応用バージョンを紹介することである．

　オーストラリアでも，日本でも，文字をまだ読めない発達段階であっても，子どもたちは見本の形と同じ形や向きになるように考え，同じ形や向きになってい

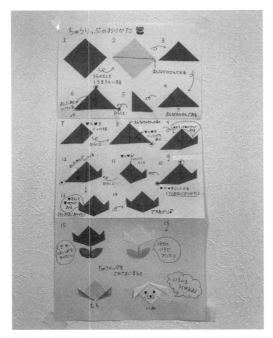

図1.4　遊びを通して学びを育み，発達を促すためのしかけの例

るかを確認しながら，目で見て，頭を働かせ，手を動かし，一人あるいは仲間と一緒に試行錯誤しながら挑戦していた．また最終的に折りあがったものは，大人が代わりにつくったり，手助けしたものに比べると，形が崩れて折り紙もボロボロになっていたものの，子どもたちの表情には達成感と喜びが溢れ，「もう1回折ってみよう！」と挑戦したり，互いに教えあう姿がみられた．

　「なぜ幼児には平面の折り図よりも，図1.4のような説明がわかりやすいのか」，「図1.4の4つのポイントが幼児にどのような学びをもたらすのか」，「子どもが一人あるいは仲間と一緒に試行錯誤しながら挑戦する際に，養育者や保育者にはどのような働きかけができるか」について，本書を読み進めながら答えをみつけてほしい．

1.3.2　自分を理解し，他者を知ることを通して保育・教育の担い手となる

　保育・教育について学んでいると，**子ども理解**，**幼児（児童）理解**，**生徒理解**という言葉によくであう．「子どもをどのように理解するのか（どのように理解したらよいのか）」は，クラス（学級）運営や指導，授業など，保育・教育実践に欠かせないためである．

　子ども理解（幼児理解・児童理解・生徒理解）は，保育者や教員が子どもをどのような存在としてとらえているかという**子ども観**に基づきやすい．なぜなら「子どもとは○○である」という子ども観をもっている保育者・教員は，○○という子どもに対してだからこそ，その発達を促すには「△△という保育・教育（指導や働きかけなど）が適している（必要である）」と考えるためであり，これを**保育観・教育観**という．そして子ども観に基づく保育観・教育観が保育・教育の目標や指導の計画，実際の保育・教育の内容といった保育・教育実践に反映されていく．同時に保育・教育実践によって，自らの保育観・教育観を確かめ，子ども観に反映するなど，「子ども観」「保育観・教育観」「保育・教育実践」は相互循環的な関係にある（図1.5）．

　それゆえ保育者・教員として経験を重ねる中で，自らの子ども観に基づく保育観・教育観によって子どもを理解するだけではなく，保育・教育実践の中で直接出会う目の前の子どもの姿から，子どもを理解し，自らの子ども観や保育観・教育観を新たにしていくことも必要である．これが保育・教育の専門家としての成長にもつながる．こうした保育・教育の専門家としての成長を，いかによりよいものへと方向づけるかは，教育心理学の問いであると同時に，保育者・教員（を目指す人）にとっての問いともなる．なぜなら「子ども理解」「子ども観」「保育

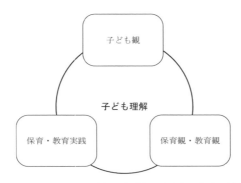

図 1.5　子ども理解と子ども観，保育観・教育観，保育・教育実践

観・教育観」「保育・教育実践」のいずれにおいても，その人の性格や育った環境，育てられ方（子どものときにどのようなかかわりを受けたか），これまでの保育・教育機関での学習経験やボランティアなどの実体験など，その人を形づくるあらゆることが影響するからである．それゆえ「自分」や「自分の育ち」をあらためてみつめ直し，理解していく営みが子どもを理解し，ともに働く同僚を理解し，子どもの保護者を理解する最初の 1 歩となる．

　しかしながら「自分」や「自分の育ち」をみつめ，理解しようとする過程においては，見たくない（他者に見せたくない）部分と向きあうこと，他者とかかわる中で自分では気づいていなかった部分を新たに発見すること，突き詰めていくと結局わからなくなることもあるだろう．また「これが自分である」と思っていても，人生の中でのさまざまな経験を通して自分が変わったり（変えられたり），より「自分」が確固たるものとして形づくられていくこともある．「自分を理解する」「自分探し」などという言葉があるように，自分や自分の育ちに向きあい，自分について深く問い，自分について表現することは，人生におけるむずかしいテーマの 1 つかもしれない．だからこそ「自分」に向きあうことが，保育・教育の現場において同じように「自分」を有する他者と向きあうことにもなり，保育・教育実践を通して互いに影響を与えることにもなる．ここに人が人とともに社会の中で生きていくことの意味があるのかもしれない．

　さあ本書を通して，自分についての理解を深めながら他者についても理解し，人間理解に基づく保育・教育実践の担い手となるための学びへと歩み出そう！

注

(1) この用語については，現在，「非認知的能力」，「社会情動的スキル」などの表記もみられるが，本書では「非認知能力」として統一した．

文　献

Bowlby, J. : *Attachment and Loss*, Vol. 1 *Attachment*, Hogarth, 1969/増補改訂版 1982（黒田実郎他訳：母子関係の理論Ⅰ－愛着行動，岩崎学術出版社，1976/新版 1991）

Erikson, E. H. : *Childhood and Society*, 2nd ed., W. W. Norton & Company, 1963（仁科弥生訳，幼児期と社会Ⅰ・Ⅱ，みすず書房，1977・1980）

Heckman, J. J. : *Giving Kids a Fair Chance*, The MIT Press, 2013（古草秀子訳，幼児教育の経済学，東洋経済新報社，2015）

 第2部

ひとりよりも
みんなでいることのほうが幸せか？

第2章

人がともに生きるとは？
－人間関係とコミュニケーションの発達－

2.1 赤ちゃんは世界とどう出会うか

2.1.1 社会化

　人は，何かしらの形で他者や社会とつながりをもって生きる社会的な動物である．人間社会の中で生きていくためには，言葉・生活様式・共通の価値観・知識などを身につけていく必要がある．この過程を**社会化**と呼ぶ．

　子どもは，周囲の人からの助けを借りて社会化していく．とくに，乳幼児期においては，最も身近な存在である養育者（保護者や特定の大人）とかかわりながら社会化が進んでいく．

2.1.2 胎児から新生児へ

　人としての発達は，胎児から始まる．胎児期（受精からおよそ280日間）は，呼吸，体温調節，栄養など，生命に必要な機能をすべて母体に依存している．母親によって守られているのだ．ところがひとたびこの世に誕生すると，これらすべてのことを自分で行う必要がある．新生児期（生まれてから28日未満の乳児）は，赤ちゃんがこの世の中での生活に適応していく準備期間と考えられている．感覚能力（五感）については，胎児期から徐々に備わっている．

　新生児は，自分だけの力では生きていくことができないので，生きていくための仕組みをもって生まれてくる．感覚能力や原始反射は赤ちゃんが生まれながらにもっている能力とも考えられる．赤ちゃんは，大人からお世話を受けるだけの存在ではなく，感覚能力や原始反射をフル活用し，自分でも生きていこうとしている存在なのである（第7章参照）．

演習 2.1

感覚能力（五感）と，原始反射について調べてみよう！

2.2　アタッチメント

2.2.1　アタッチメントとは

アタッチメントは，人が特定の他者との間に築く緊密で情緒的な結びつきであり，イギリスの児童精神科医であるボウルビィ（Bowlby, J.）によって提唱された．とくに子どもが危機に接したとき，あるいは危機が予想されたときに生じる不安や恐れといったネガティブな感情を，特定の他者にくっつくことによって調整しようとする際に機能する（図 2.1）．

子どもにとっての危機とは，知らない人をみたとき，振り返ったら誰もいないとき，転んで痛いとき，暗くて周りがみえにくいときなどである．日常生活で，子どもは多くの危機とともに生活している．

図 2.1　目覚めたら周囲に誰もいなくて泣いているところを保育士に抱かれ，安心を取り戻した 0 歳児

2.2.2　発達とアタッチメント

ボウルビィの共同研究者エインスワース（Ainsworth, 1967）や，シャーファーら（Schaffer & Emerson, 1964）が行った研究を参考に，ボウルビィは，アタッチメント行動の発達を 4 段階に分けた（表 2.1）．

2.2.3　アタッチメントを支える内的ワーキングモデル

アタッチメントの発達の第 4 段階頃になると，特定の他者との間に信頼関係が築かれ，アタッチメント対象は，いざというときには自分を守り，必ず助けてくれる存在であるという主観的な確信や安心感を抱くようになってくる（基本的信頼感・安心感）．認知能力の発達も伴い，必ずしもその人がその場に居なくともイメージを用いることによって，安心の拠り所として機能するようになる（心の内在化）．たとえば保育所などで，お母さんが居なくてもお母さんのお迎えま

表2.1　アタッチメントの発達

第1段階	生後3カ月頃まで	人物の識別を伴わない定位・発信行動	この時期の乳児は，人を識別する能力がまだない．特定の人に限らず，どのような音や人に対しても興味を示す段階． 定位行動：追視する，声を聞く，手を伸ばす等． 発信行動：泣く，微笑む，喃語を発する等．
第2段階	生後3カ月頃から6カ月頃まで	1人あるいは数人（特定の人物）に対する定位・発信行動	特定の養育者（主として母親）と，ほかの人との区別がつき始める．特定の養育者に対しアタッチメント行動を向けるようになる．
第3段階	生後6カ月頃から2, 3歳頃まで	発信・移動による特定の人物（対象）への近接・接近の維持	アタッチメントがしっかりと形成される時期．特定の養育者がアタッチメント対象となり，その姿がみえなくなると不安で泣き出したり（分離不安），知らない人に対し，警戒心を抱きかかわりを避けたり（人見知り）するようになる．乳児期後半から1歳前後にかけて，移動行動が発達する．這い這いやつたい歩き，独立歩行などが始まると，アタッチメント対象の後をついて回ったり（後追い），養育者を安全基地として周囲の探索を行ったりするなど，能動的なアタッチメント行動を示すようになる．
第4段階	2, 3歳以降	行動目標の修正的な協調性の形成	認知能力の発達に伴い，特定の人物の感情や行動の目的を推測できるようになってくる．たとえば，今遊んでもらいたいけれど「片づけてからね」と言われたことで，片づけが終わるまで待つ，というように，特定の人物の目標や計画に応じて自分の目標や行動を修正できるようになってくる．さらに，この時期は，表象能力の発達によって，特定の人物のイメージを心の拠り所として利用できるようになる．自分が必要とするときに必ず守ってくれるという確信が持てるならば，特定の人物がそばにいなくても，ある程度の時間，安心して過ごすことができるようになる．

出典：井上・久保（1997）を改変して著者作成.

で子どもが安心して生活できるようなことが可能となってくる．アタッチメント対象は，自分が必要としているときに必ず自分を保護し助けてくれる存在だという確信・イメージのことを，ボウルビィは内的ワーキングモデル（internal working model: IWM）と呼んだ．内的ワーキングモデルに支えられて，人は，新たな出来事を経験し，未来の予測を立て，自身の行動計画を立てることができていく．

演習 2.2

　乳児の姿の中で，アタッチメント行動だと思う具体的な姿を考えてみよう！

2.3　気　質

2.3.1　気質とは

　赤ちゃんをよく観察すると，少しの刺激にも敏感に反応して泣いてしまう子どももいれば，全く動じずにすやすやと眠っている子どももいる．また，活発に動く子どももいれば慎重な子どももいる．このように生まれつきみられる特性のことを「気質（temperement）」と呼ぶ．気質は，個人差の中核をなし，成長に従い「性格・人格」となっていくと考えられている．

2.3.2　気質の分類

　アメリカの精神科医トマス（Thomas, A.）は，乳児100人を対象に気質の研究を行った．9つの側面を，気質を決定づける要因としてあげている（表2.2）．さらに，9つの側面の組み合わせから気質を3つのタイプに分けた（表2.3）．

2.4　パーソナリティ

2.4.1　パーソナリティ（人格）

　パーソナリティ（personality）の語源はラテン語の「ペルソナ」（pesona）であり，劇に使用する仮面のことであった．パーソナリティとは，その人の内にあって，

表 2.2　気質の9つの側面

	側面	内容
1	活動水準	身体活動の活発さの度合い
2	接近／回避	新しい刺激に対する積極性／消極性
3	周期性	睡眠や排泄など，身体機能の規則正しさ
4	順応性	環境の変化に対する慣れやすさ
5	反応閾値（はんのういきち）	感覚刺激（視覚・聴覚など）に対する敏感さ
6	反応の強さ	泣く・笑うなどの反応の現れ方の度合い
7	気分（機嫌）の質	快・不快の感情を表す頻度
8	気の散りやすさ	外的刺激による気の散りやすさ
9	注意の範囲と持続性	特定の行動に携わる時間の長さ／集中の仕方

表 2.3　気質の3つのタイプ

タイプ	内容
扱いにくい子ども	新しい刺激を避けようとする＋不規則な身体機能＋環境の変化にゆっくりと順応＋不機嫌であることが多い＋反応の現れ方が激しい
エンジンのかかりにくい子ども	新たな刺激に対してはじめは消極的→やがて積極的＋環境の変化に対してゆっくり順応→やがて順応
扱いやすい子ども	新しい刺激に対して積極的＋規則正しい身体機能＋環境の変化に素早く順応＋機嫌がよい＋反応の現れ方がおだやか

それぞれの側面に対する反応を組み合わせてタイプを3つに分類

出典：菅原（1992, p.729）をもとに著者作成．一部改変．

図 2.2　気質をもとにパーソナリ
　　　　ティは形成される

その人の特徴的な行動と考え方の一貫した傾向
のことである．人の性格は，生まれながらに備
えている部分と，その後，家庭環境→生活・社
会環境→現在の自分の役割に応じた役割環境な
どの影響を受けて形成される部分とがある．前
者を気質と呼び，後者をパーソナリティと呼ん
でいる．

　図 2.2 に紹介しているように，中心にある気質
は変わりにくいが，環境的な要因は自分の意志
で変えることが可能である．円が外に行くほど
変えやすい．

演習 2.3

　気質とパーソナリティとの違いを考えよう！

2.5　非言語コミュニケーションと言語コミュニケーション

　コミュニケーションには，非言語コミュニケーションと言語コミュニケーショ
ンがある．

2.5.1　非言語コミュニケーション

　誕生から 2, 3 歳頃までが，子どもが言葉を獲得する過程で大切な時期だとい
われている．この間の親しい養育者とのやりとりから，子どもは安心感や人の
ぬくもりを感じ取り，同時に言葉も学び，獲得していく．とくに，誕生からお
よそ 1 年ほどは，話したくてもまだ話すことができない．その分，さまざまな
方法で気持ちを表現しようとしている．非言語コミュニケーション（non-verbal
communication）とは，会話や文字以外のコミュニケーションのことである．話
し言葉の時期を迎える以前の乳児ならば，泣く・微笑・笑い・喃語・視線・手振
り・身振り・指さしなどを活用し，コミュニケーションを図っている．養育者が
こうした子どものサインを敏感に感じ取り，**ミラーリング**や**情動調律**を行うなど
応答的にかかわることで子どもは徐々に言葉を獲得していく．

　話し言葉ではなくとも，乳児は養育者の表情を真似したり（**共鳴動作**），人の

声に対しリズミカルに反応する（**エントレインメント**）．またそれらに応答的な
かかわりを行う養育者の存在があることで，コミュニケーション活動の基礎づく
りを行っている．乳児は，大人からの状況に応じた語りかけから，言葉を理解し，
言葉を話す準備を行っている（第7章参照）．

2.5.2　非言語コミュニケーションから言語コミュニケーションへ

　生後10カ月前後になると，指さしをする姿がみられるようになる．指さしと
は，今ここにないものを，指を使って「あれだよ！」と指し示す行為のことであ
り，言葉を話す前触れともいわれている．子どもが指さしをしたとき，たいてい
の大人は指さしたものの名前を言って応答している．また指さしは，「あ，あ，あ」
などの子どもの言葉にならない音声と，それに応答する大人の言葉によってコ
ミュニケーションが成立する．この行為の繰り返しによって子どもは，物には名
前があることを学んでいく．そして生後1年頃に，生まれて初めて意味ある言葉
初語の出現にたどり着く．話し言葉の誕生である．言語形成期は生後から10歳
前後といわれている．子どもの育ちに非言語コミュニケーションと話し言葉の両
方を活用しつつ，徐々に言語コミュニケーションを育んでいくことが大切である．
　1歳頃は1語文，1歳半頃に2語文（単語＋単語）が認められる．2歳頃は「こ
れ何？」の質問をさかんに行うときである（**質問期**または**命名期**）．ものの名前
を知りたくて行う質問と考えられている．3歳頃になると言葉のキャッチボール
ができ始める．5〜6歳頃になると，大人と対等に会話ができるようになってくる．
なお，話し言葉だけではなく，文字も言語コミュニケーションの1つである（第
3章参照）．

a. 言葉は人を生かすことも殺すこともできる

　かつてヨーロッパで，言葉かけを一切しないで乳児を育て，乳児が初めて発す
る言葉を知ろうという実験を行った王様たちがいた．その結果，子どもたちはみ
な幼くして亡くなってしまった．この事例は，人間は言葉かけがないだけで死ん
でしまうことを教えてくれる．当たり前のように使用している言葉ではあるが，
その当たり前がなくなり，自分がサインを出しているのに，応答してくれる相手
がいないと，人は命さえも失ってしまうのである．「たかが言葉されど言葉」な
のだ．人間にとって最もつらいことが「無視」だということも理解できるだろう．

b. 言葉の役割

　人間にとって言葉はどのような役割を果たしているのだろうか？　言葉のもつ機能について考えてみよう.

①コミュニケーション手段：言葉には，自分の気持ちや意思を相手に伝える手段としての機能がある.

②行動の調整：「いっせーのーせ」などの掛け声や，「よし，がんばろう」といった言葉によって，自分の行動を調整している. 言葉には，行動を調整する機能もある.

③考える道具：言葉に出す出さないにかかわらず考えごとをするときには必ず言葉を使用している. 言葉には，考える道具としての機能もある.

　このように，人と言葉は切っても切り離せない関係ということがわかる.

演習 2.4

　なぜ一語文というのかについて考えよう！

2.6　向社会的行動

　向社会的行動（prosocial behavior）とは，「他者あるいは，他の人々の集団を助けようとしたり，そのような人々のためになることをしようとしたりする自発的な行為」（Eisenberg & Mussen, 1989）のことである. 向社会的行為は，①寄付・奉仕行動，②物を分け与える行動，③緊急事態における救助行動，④努力を必要とする援助行動，⑤迷子・物を失った人に対する援助行動，⑥社会的弱者に対する援助行動，⑦小さな親切行動，に分類できる（高木，1982）.

　向社会的行動は，加齢に伴って増加傾向にあるが，子どもの向社会的行動は，1歳半頃からみられる. たとえば泣いている子どもをみると近寄ってその子どもなりになだめようとする姿を見かけることがある. このように幼い子どもであっても，他者の感情を理解し，何かしらの向社会的行動を起こそうとしている.

　こうした向社会的行動の動機づけを高めるものとして**共感性**がある. 共感性とは，「相手の感情あるいは，他者の置かれている状況を認知して，それと一致しないまでも同じ方向の感情を共有すること」（伊藤・平林，1997）である. 他者の感情を認知し，感情を共有する力が育つことで，他者や集団を助けようとしたり，人のためになることをしようとする自発的な行為（向社会的行動）につながっ

ていく．このような心の育ちが幼児期から児童期にかけてみられ，社会性（集団の中で上手くやっていく力，他者とかかわる力など）も身についていく．

2.7　攻撃行動

攻撃行動（aggressive behavior）とは，無抵抗の相手に対し，身体的・精神的に意図的に危害を加えようとする行為のことである．攻撃行動には，面と向かって相手を傷つける直接攻撃と，面と向かわずに相手を傷つける間接攻撃がある．他方，戦争などで被害を受けた側が報復のために行う攻撃（報復攻撃）もある．

攻撃行動は，相手に損害を与える点では悪い行為として共通の要素を含んでいるが，「叩かれたから叩き返した」といった場合には，両者の間に公正がもたれされ，たとえ攻撃行動であっても許容されることが多い．実は，攻撃行動は幼児にも認められることがわかっている．越中（2005）は攻撃行動を，

①挑発的攻撃：他児から物を奪うための攻撃

②報復的攻撃：奪われた物を他児から取り返すための攻撃

③制裁としての攻撃：他児が奪った物を仲間に取り返すための攻撃

の 3 つにタイプ分けしている．さらに幼児の攻撃行動を，動機（自己関連・他者関連）と目的（回避，応報）の組み合わせにより，4 つに分類している（越中，2005）．

防衛：自己関連動機による回避を目的とした攻撃

報復：自己関連動機による応報を目的とした攻撃

擁護：他者関連動機による回避を目的とした攻撃

制裁：他者関連動機による応報を目的とした攻撃

4 歳未満の子どもは，状況を判断せず攻撃行動を悪いと判断してしまう．しかし 4 歳以降になると，仲間が A ちゃんから攻撃を受けた場面を B ちゃんが目撃し，B ちゃんが A ちゃんに攻撃をするというように，自己関連より他者関連動機による攻撃がみられ，回避よりも応報目的の攻撃の許容が認められるようになってくる．このように幼児期には，攻撃行動の動機・内容によって善悪の判断をしていくという力が育っていく．

演習 2.5

攻撃行動と，暴力の違いは何だろう？

2.8　いざこざといじめ

2.8.1　いざこざ

いざこざには，揉めごと，争いごと，ごたごたというような意味がある．「いざこざが絶えない」「この人はいつもいざこざを起こす」のように使われることが多い．いざこざは，<u>お互いに</u>敵対心をもって争うときに使用する．

2.8.2　いじめ

「いじめ防止対策推進法」(2013 (平成25)年9月施行)によると，**いじめ**とは「児童生徒に対して，当該児童生徒が在籍する学校に在籍している等当該児童生徒と一定の人的関係にある他の児童生徒が行う心理的または物理的な影響を与える行為（インターネットを通じて行われるものを含む．）であって，当該行為の対象となった児童生徒が心身の苦痛を感じているもの」と定義されている．いじめか否かの判断はいじめられた児童生徒の立場に立って行われる．いじめは，人間関係に強者と弱者を生み出してしまう．

いじめの形態は，①暴力のように身体的に苦痛を与えるもの，②仲間外れ，③無視（シカト），④相手が嫌がることをさせるなどの心理的ダメージを与えるもの，⑤インターネットの掲示板やサイトへの匿名性を利用した個人を攻撃する書き込みなどがある．

演習 2.6

いざこざといじめの違いを考えよう！

2.9　子育て支援

2.9.1　子どもを取り巻く環境

現在は，少子化，核家族化が進み，地域との交流も希薄である．少子化，核家族化の中で生まれ育ち，幼い子どもとかかわった経験が少ないまま親となることも少なくない．初めて自分の子どもを育てている母親のおよそ7割が，自分の子

どもが初めての赤ちゃんとの接触経験であるという実情もある．このような状況は，子育ての孤立化を招き，子育ての不安を増幅し，子どもへの虐待を起こしかねない．子育ての些細なことを「ちょっと」相談できるご近所さんや子育て仲間の存在は安心して子育てを行ううえでも必要となる．

2.9.2　子育てを支援するとは？

支援というと，「してあげる」「やってあげる」というイメージをもってしまうが，子育て支援の本来の目的は，親が親として育つためのサポートである．してあげる・やってあげるという考え方は，支援者の一方的な自己満足にすぎない．親が親として育つためにはどのようなかかわりが望ましいのかを考えながら親に寄り添う配慮が支援者として必要である．

演習の解答例

2.1：感覚能力には，視覚・聴覚・味覚・嗅覚・触覚があり，胎児期から徐々に発達していく．新生児でも，感覚能力を頼りに周囲の様子を察知し，学んでいる．原始反射には，把握反射・モロー反射・バビンスキー反射・口唇探索反射・吸啜反射・嚥下反射などがある．原始反射は，発達に伴い消失していく．

2.3：先天的に備わっているものが気質．パーソナリティは，気質を核として，環境の影響によってつくられていくもの．

2.4：一語で文章の役割もしているということ．たとえば，「ママ」という一語でも，「ママが来た」「ママが居なくて寂しい」など，状況に応じて「ママ」に込められた意味が異なってくるため．状況依存語ともいう．

2.5：攻撃行動は，本文を参照．暴力は，人の身体や財産などに対する物理的な破壊力のこと．最近では，心理的虐待やモラルハラスメントなど，精神的暴力も暴力と認知されつつある．

2.6：いざこざは，対等な関係での揉めごと．いじめは，強者・弱者の立場をつくってしまい，対等ではない．

文　献

Ainsworth, M. D. S：*Infancy in Uganda：Infant Care and the Growth of Attachment.* Johns Hopkins University Press, 1967

Ainsworth, M. D. S. & Bell, S. M.：Mother-infant interaction and the development of competence. In Connolly, K. J. & Bruner, J. S.（eds.）*The Growth of Competence.* Academic

Press, 1974

Allport, G. W.：*Personality*：*A Psychological Interpretation,* Holt, Rinehart and Winston, 1937

Aronson, E.：*The Social Animal,* 6th ed. W. H. Freeman and Company, 1992（古畑和孝監訳：ザ・ソーシャル・アニマル　第6版－人間行動の社会心理学研究，サイエンス社，1994）

Bowlby, J.：A secure base clinical applications of attachment theory, Tavistock/Routledge, 1989（二木武監訳：ボウルビィ　母と子のアタッチメント－心の安全基地，医歯薬出版，1993）

Bowlby, J.：*The Making & Breaking of Affectional Bonds,* Tavistock Publications, 1979

Bowlby, J.：*Attachment and Loss,* Vol. 1 *Attachment,* Hogarth, 1969/増補改訂版1982（黒田実郎他訳：母子関係の理論Ⅰ－愛着行動，岩崎学術出版社，1976/新版1991）

Eisenberg, N. & Mussen, P. H.：*The Roots of Prosocial Behavior in Children*, Cambridge University Press, 1989

遠藤利彦編著：発達心理学の新しいかたち，誠信書房，2005

遠藤利彦：赤ちゃんの発達とアタッチメント－乳児保育で大切にしたいこと，ひとなる書房，2017

越中康治：仮想場面における挑発，報復，制裁としての攻撃に対する幼児の道徳的判断．教育心理学研究，**53**, 479-490, 2005

越中康治：攻撃行動に対する幼児の善悪判断の発達的変化．広島大学大学院教育学研究科紀要（第3部），**55**, 227-235, 2006

越中康治・新見直子・淡野将太・松田由希子・前田健一：攻撃行動に対する幼児の善悪判断に及ぼす動機と目的の影響．広島大学大学院教育学研究科紀要（第3部），**56**, 319-323, 2007

林洋一監修：史上最強　図解よくわかる発達心理学，ナツメ社，2020

法務省ホームページ．http://www.moj.go.jp/JINKEN/jinken04_00155.html

いじめ防止対策推進法（平成25年法律第71号），文部科学省，平成25年9月28日

いじめ防止対策の推進に関する調査結果に基づく勧告（平成30年3月）総務省

いじめ防止等のための基本的な方針（平成25年10月11日），文部科学大臣決定（最終改定平成29年3月14日）

井上健治・久保ゆかり編：子どもの社会的発達，東京大学出版会，1997

伊東忠弘・平林秀美：向社会的行動の発達．井上健治・久保ゆかり編：子どもの社会的発達，東京大学出版会，1997　いじめ防止対策推進法（平成25年法律第71号），文部科学省，平成25年9月28日

菅野純・桂川泰典：いじめ－予防と対応Q & A，明治図書，2012

数井みゆき：『母子関係』を超えた親子・家族関係研究．遠藤利彦編著：発達心理学の新しいかたち，誠信書房，2005

数井みゆき・遠藤利彦編著：アタッチメント－生涯にわたる絆，ミネルヴァ書房，2006

菊地章夫・二宮克美訳：思いやりの行動発達心理，金子書房，1991

小林春美・佐々木正人編：子どもたちの言語獲得，大修館書店，1997

近藤幹生・寳川雅子・源証香・小谷宜路・瀧口優：改訂版　実践につなぐことばと保育，ひとなる書房，2016

小西行郎監修：子どもの心の発達がわかる本，講談社，2007

久保田まり：アタッチメントの研究-内的ワーキング・モデルの形成と発達，川島書店，1997

宮城音弥：性格類型によるパーソナリティの理解，詫摩武俊編：性格，日本評論社，1998

森田洋司・清水賢二：新訂版いじめ－教室の病，金子書房，1994

村田孝次：幼児の言語発達，培風館，1968

村田孝次：子どものことばと教育，金子書房，1983

岡本夏木：児童心理学講座 3　言語機能の発達，金子書房，1969

岡本夏木：子どもとことば，岩波新書，1982

大久保愛：幼児のことばとおとな，三省堂選書，1977

坂上裕子・山口智子・林創・中間玲子：問いからはじめる発達心理学－生涯にわたる育ちの科学，有斐閣，2019

櫻井茂尾編：改訂版　楽しく学べる最新教育心理学－教職に係るすべての人に，図書文化，2019

Schaffer, H. R. & Emerson, P. E.：The development of social attachments in infancy. *Mongr. Soc. Res, Child Dev.*, **29**, 1-77, 1964

庄司順一・奥山眞紀子・久保田まり編著：アタッチメント，明石書店，2008

菅野幸恵・塚田みちる・岡本依子：エピソードで学ぶ赤ちゃんの発達と子育て，新曜社，2010

菅原ますみ：気質．東洋・繁多進・田島信元編：発達心理学ハンドブック，p.729，福村出版，1992

Thomas, A., Chess, S., Birch, H., Hertxing, M. & Korn, S.：*Behavioral Individuality Childhood*, New York University Press, 1963（林雅次監訳：子どもの気質と心理的発達，星和書店，1981）

トレヴァーセン，C.：赤ちゃんの話しかけようとする意欲，別冊発達，**24**, 2001

横浜市こども・子育て支援事業計画の策定に向けた利用ニーズ把握のための調査　結果報告書，横浜市こども青少年局，平成 30 年 11 月

みんなで
考えよう！

愛してくれない親でも
愛さなくてはいけないの？

　私が勤める乳児院は，児童福祉法第37条に定められた社会的養護を行っている入所型の児童福祉施設で，さまざまな理由から家庭で赤ちゃんを育てられない状況が起こったときに，家庭に代わって乳幼児（生後すぐの新生児から，必要と認められる場合には就学するまでの幼児を含む）を見守り，育てる場所である．子どもの最善の利益の観点から，実親による養育が困難な場合は，特別養子縁組や養育里親などによる家庭養育を優先させるが，専門職による専門的なケアを受けることが望ましい被虐待児や病虚弱児，障害児，実親より里親委託の同意が得られない乳（幼）児は乳児院に入所となる．乳児院で育つ乳幼児期は，生涯にわたる人間形成の土台となる大切な時期であるため，将来を見据えた養育とケアによる「育ちの保障」が求められる．乳児院での育ちの保障は，大きく「愛着形成」と「豊かな生活の保障」に分けられる．

　乳児院では担当養育制を原則とすることで，子どもの発達における愛着形成の重要性を考慮している．乳児院は集団生活の場であるが，子どもの成長，発達には，自分を安心して委ねられる"自分だけの大人"の存在が必要不可欠であるため，個別的なケアを大切にしている．授乳やオムツ替えなどの子どもの要求に応える応答的なかかわり，目と目を合わせたコミュニケーションや抱っこなどのスキンシップといった情緒的なかかわりを通して，担当養育者は子どものありのままを受け止め，愛していく．

　また，栄養士による季節を感じられるバランスのとれた食事，"自分のもの"といえる玩具や衣服，温かみのある木製の家具の配置，満足できる遊びの時間や空間の確保，誕生日やお食い初めなどの一人一人のお祝いごとなど，子どもを取り巻く環境にも配慮している．生活や遊びの各場面で，生理的，心理的，社会的に欲求が充足され，多様な「心地よいな」「嬉しいな」「楽しいな」という体験を養育者と共有する生活こそが豊かな生活である．同時に，乳児院で育つ乳幼児期に，感情を表現することの心地よさや，自信，達成感，満足感，有能感といったポジティブな感情をたくさん経験することが人生における心の土台となり，その後の生活を豊かにしていくことにつながる．これらが乳児院で大切にしている「豊かな生活の保障」である．

　このように乳児院は「赤ちゃんのもう１つのおうち（生活の場）」であるが，月齢的な判断能力も含め，子どもが自ら望んで乳児院に入所してくることはない．親からの虐待あるいは親の怠惰（ネグレクト）によって保護された子ども，望まない妊娠により生まれた子ども，母親をはじめとする家族の精神疾患により家族と一緒に暮らすことができない子どもなど，乳児院で生活している子どもたちの背景はさまざまである．しかし，どのような理由があろうとも母親はお腹に宿った命を育ててきてくれた人であり，子どもにとっては唯一無二の存在である．たとえそれが望まない妊娠であったとしても，母親が産む決断をしていなければ，その子どもに出会うことはできないし，母親が生まれた子どもを自分で育てない道を「選択した場合」は，子どもの人生を他者にゆだねることで，子どもの命を守ろうとしているともとらえることができるのではないだろうか．

　一方で子どもたちは，いずれ自分のルーツを知りたがる．どのような幼少期を過ごしたのか，誰に育てられたのかを知った子どもは悩み，葛藤し，“自分が悪かったからこうなった”と自分を責めることもあるだろう．なぜなら，子どもはどのような親であったとしても，どれだけ親に傷つけられたとしても，“親に愛されたい”という思いを必ず抱くからである．それゆえ「愛してくれない親でも愛さなくてはいけないの？」の問いに，私は YES or NO で答えることはできない．

　だからこそ一人一人の子どもをたくさん抱きしめ，寄り添い，受け入れる中で，“あなたはかけがいのない存在”，“生まれてきてくれてありがとう”と伝え続けることにより，子どもたちが“自分は大切に思われている存在である”と心と身体で感じることができるよう養育することが大切である．人生の土台となる乳幼児期に，感覚的に“大切に思われている”と実感することは，その後の人生で何か揺らぐことが起こったときに立ち戻る“自分”という存在の根幹部分となり，ありのままの自分を大切にすること，他者を愛することにつながるのだと思う．そしてこれが「愛してくれない親でも愛さなくてはいけないの？」の問いに，子どもたちが答える際の源になると考える．

第3章　メディアとともに生きるとは？
－メディアからの学びを考える－

　子どもを取り巻く社会文化的環境が急速に変化してきている．その変化に影響を与えている**メディア**とのかかわりを抜きにして，人が発達し学習していくことについて語ることはむずかしくなってきている．

　そこで本章では，子どもの育ちとメディアについて「子どもの発達過程をふまえた学び」と，「学習活動を支える援助・指導のあり方」から考えていくことにする．

3.1　子どもの育ちと「メディア」

　人はいかにメディアと出会い，発達し学んでいくのだろうか．人の発達の最初期であり，生涯にわたる学びの出発点でもある乳児期からの発達と学びの過程をふまえ，メディアとの関係を考えることから始めよう．

3.1.1　子どもの発達過程をふまえた学び

a.　周りの人や物とかかわることで広がる世界－二項関係から三項関係へ－
　子どもは生後2カ月頃から周りの「人」との**二項関係**〈子ども－養育者〉の中で，みつめあい，微笑みあい，声を出しあいながら過ごすようになる．こうしたやりとりを繰り返しながら特定の人との安定した愛着関係（アタッチメント）を築き始めると，次第に安心して身の回りの物などにも興味や関心をもち，物にもかかわり始める．すると，「人」との二項関係のみならず「対象（物・出来事など）」との二項関係〈子ども－対象〉も成立し始めるようになる．

　その後9カ月頃になると，これまで積み重ねてきたやりとりを土台としながら，乳児の物への操作や周りの世界への興味はさらに広がる．**9カ月革命**（Tomasello, 1999）とも呼ばれるように，周りの「人」や「対象（物・出来事）」との関係が大きく変わり，**三項関係**〈子ども－養育者－対象〉が成立し，**共同注意**（joint attention）が出現し始めるのである．この頃から乳児は，養育者との関係のもとに対象へ注意を向けあい，共同活動を展開するようになる．また，親や保育者などが子どもの姿をみて「人間らしくなってきた」と語るのもこの頃である．この

ことは，人が発達し学習していくうえで基盤となる重要な関係性と学びの芽生え
がみられ始めたことを意味している（第2章，第7章参照）．

b.　共同注意場面への参加と学習（学び）

共同注意は，相手と同じ対象へ注意を向け，同時にみることではなく，相手
と同じ対象へ注意を向けあい，お互いに対象へ注意を向けていることに気づき，
相手の意図を理解し意図的なかかわりを共有することである（Tomasello, 1999;
2019）．

図3.1のように，9カ月頃から乳児は初めて共同注意場面で対象への相手の注
意と行動に同調し，相手がみているところへ視線を追ってみる**視線追従**や，相手
と物をめぐる相互作用を続ける**共同活動**，相手を社会的参照点として利用する**社
会的参照**，物に対して相手がしているのと同じように働きかける**模倣学習**がみら
れるようになる．また，乳児自身が注意を向けている対象へ相手を同調させよう
と，対象に対して能動的に相手の注意と行動を向けようとする直示的身振りであ
る**指さし**や，物をもち相手へ示す**提示**がみられ始める（Tomasello, 1999, p.80）．
これらの共同注意をめぐる新たな行動でお互いの注意や行動を調整しあい，日常
生活のさまざまな**共同注意場面**へ参加しメディアと出会うことにより，言語の獲
得（菅井，2013）や文化的ルール，道具・文化的人工物の使い方やかかわり方な
ど，新たなことを他者から学び，他者とともに学びあうことができるようになる
（詳細は，3.2.2項参照）．

このような乳児期後期からみられる学びの芽生えは，その後の児童期以降の学
校教育場面（共同注意場面）で学習者（児童，生徒など）と教師が学習内容へ注

図3.1　9カ月頃から出現し始める共同注意場面での共同注意行動

意を向けあい共同活動を展開する学習にもつながっていく．このように共同注意は，人間のメディアを通した学びの基盤になるといえる．

3.1.2　子どもの発達に応じた学習活動を支える援助や指導

共同注意をめぐるやりとりでは，子どもの注意を大人の注意のほうへ向けようとするよりも，子どもが興味や関心をもち注意を向けているほうへ大人が注意を向け共同活動を展開するほうが，子どもの学びが豊かになり発達が促されていくことが明らかにされてきている（Tomasello, 1999, 2019 など）．

また，社会文化的な環境の中で子どもが発達し学んでいくことを強調したロシアの心理学者**ヴィゴツキー**（Vygotsky, L. S.）は，子どもが1人で達成できる現在の発達水準（「発達の果実」）と，より熟達した他者（大人や仲間など）の援助や指導，協同活動によって導かれ達成できる潜在的な発達水準（「発達のつぼみ，花」）との間の範囲を**発達の最近接領域**（Zone of Proximal Development: ZPD, 最近接発達領域とも訳される）と概念化した（Vygotsky, 1956）．子どもが今すでに自分1人でできることだけではなく，他者と一緒に取り組むことを経てやがて自分でできるようになっていく成熟しつつある子どもの姿までを見通した援助や指導の重要性を指摘した．この見通しのもとに，より熟達した大人や仲間は，協同活動に参加し，子どもの姿に応じた足場をかけ（**足場がけ**（scaffolding）Wood et al., 1976），少しずつ足場をはずしていく（**足場はずし**（fading））ことにより，学ぼうとする子どもを支えながら参加を導き，学びの過程にかかわり続けるのである．

このように，子どもの発達に応じた学習活動を支えるためには，子どもが抱く興味や関心に大人側が注意を向けながら共感的なまなざしを向けることや，長期的な発達の見通しをもちながら子どもが発するサインや行動を受けとめ応答することが大切である．つまり子どもの主体的な行動への受容的・応答的な援助や指導が求められる．

3.2　現代の多様なメディアによる協同活動

メディア（media）は，「情報を伝える媒体」である．新聞，小説，絵本，本，マンガ，テレビ，ゲーム，携帯電話，スマートフォン，パソコン，タブレット型端末などの多様なメディアが存在し，近年はさらに，コンピュータ技術の発展などにより，新たなメディアが生み出され続けている（家島，2016）．

演習 3.1　メディアと出会い，何を学ぶのか？

　自分がこれまでに出会った「メディア」をあげ，そのメディアといつ頃，どこで，誰と，どのように出会い，何を学んだかを考え，表にまとめてみましょう．また自分と比較して，いまの子どもたちの各々のメディアとの出会いや学びについて考えたことを書きましょう．

メディア	メディアとの出会い				メディアからの学び	いまの子どもたちのメディアとの出会いや学び
	いつ頃	どこで	誰と	どのように		

　多様なメディアと出会い，各々のメディアから何を学んでいるのか，子どもたちの育ちにとっての意味を探っていくことは大切な観点である．演習 3.1 で考えたことをもとに，さらに探っていくことにしよう．

3.2.1　子どもの育ちと多様なメディアとの出会い

　人は伝えたい情報（内容）があるときに，多様なメディアを用いて伝えようとする．しかし，メディアが変わると伝わる情報も変わることがある．たとえば，1 歳 6 カ月児の親が「同じストーリー（内容）を絵本でみたときとテレビでみたときの子どもの反応が違い，とても不思議である」と語ったことがある．絵本を一緒に読みあっているときに，ある場面になるとページ上の絵をみて声を出して子どもが笑うが，同じ場面をテレビの映像で観たときには毎回泣き出すというのである．このように同じ内容でも，絵本やテレビなどのメディアにより違いがみられるのである．「メディアは，子どもに何を伝えるかによってだけではなく，むしろどのような心の活動を呼び覚ますかによって評価されなければならない」（東，1996）と指摘されていることは非常に重要なことである．メディアの選択は子どもの発達や学びに大きな影響を与え，ここに子どもの育ちにとっての

メディアを選択する親や保育者，教師などの役割があるといえよう．

　では次に，多様なメディアの中から子どもたちにとって身近なメディアである「絵本」をとりあげ，事例をもとに考えていくことにしよう．

3.2.2　メディアからの学びー子どもの育ちと「絵本」ー

　日本では 2000 年の子ども読書年をきっかけに，英国で始まった**ブックスタート**が紹介された．「赤ちゃんと絵本を介して楽しいひとときをわかちあおう（Share books with your baby!）」というブックスタート活動の基本理念のもとに，乳児期からの親子の親密な絆とコミュニケーションを願い，絵本を通したひとときをすべての子どもに保障することがめざされることになった（NPO ブックスタート HP 参照）．それから年月が経過し，乳児が絵本と出会う機会が増え，家庭のみならず保育所や地域の遊び場などさまざまな場で，多様な人と絵本を読みあうことが広まってきている．絵本というメディアに乳児期から出会う機会が増えている子どもたちは，絵本とどのようにかかわりながら何を学び，子どもたちの育ちにとってどのような意味があるのであろうか．

　図 3.2 の A の写真をよくみてみよう．乳児は，絵本をみる方向があることや，絵本の紙面上に絵や文字で情報がかかれていること，ページをめくり読み進めていくことなどを知っているだろうか．乳児は，1 人で絵本にかかわり絵本の世界を知り楽しむには限界がある（乳児と絵本の二項関係）．しかし，絵本とは何かを知り，絵本の文字や絵を読むことができる親などとともに絵本場面に参加することにより，絵本（絵・文字）の世界に出会い，その世界を知り，一緒に楽しみながら学ぶことができるのである（図 3.2 の B：乳児ー親ー絵本の三項関係）．つまり，親が絵本を読むという文化的な活動へ子どもの参加を導くこと（**ガイド**

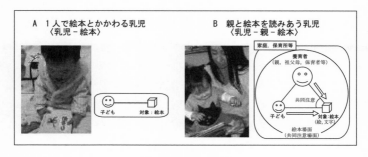

図 3.2　乳児と絵本との出会い

された**参加**，Rogoff, 1990）が，学びを促すのである．

　乳児は初めて絵本に出会った後，生後9カ月から1歳になる頃までに絵本を「読みあう」ようになる（Kummerling-Meibauer et al, 2015）．この頃から，さまざまな場（家庭や保育所など）で，乳児は養育者（親，祖父母，保育者，地域のボランティアなど）との関係のもとに，絵本場面（乳児と養育者と絵本の三項関係から成立する「共同注意場面」）に参加し，絵本（絵，文字）という対象へ注意を向けあい，共同注意行動（指さし行動など）により共同活動を展開し，絵本を読みあうことが始まるのである．

a.「絵本」と出会い「絵とは何か」を学ぶ

　乳児ははじめ，絵本に出会うと，自分が生活している現実世界でかかわっている物と同じように身体で探索し，絵本世界と現実世界を対応させながら絵本を「手で探索する行動」などで繰り返しかかわることを楽しむ（例：食べたことのあるイチゴと同じイチゴの「絵」をまるで本物かのようにつかもうとしたり，食べようとして口を近づけなめたりする）．このときに親や保育者が，ページ上に描かれた絵の中でも乳児がつかもうとしたりなめたりした絵へ注意を向けると，なぜそのような行動をしたのかわかることがある（例：イチゴの絵の中でも赤く熟した甘そうなイチゴの絵を食べようとしたことに気づく，図3.3のA）．

　乳児は絵本をたたいたりなめたりするといわれているが，それらの行動を受けとめ，乳児にとっての意味を探ろうとすると行動の意味を理解することにつながることがある．このような乳児の主体的な行動に対して，子どもとのこれまでの共有経験や出来事と結びつけて応答することで，やりとりが広がっていく（例：乳児がイチゴの絵をつかもうとしたときに昨日の出来事とあわせて行動の意味を

A　イチゴの絵を食べている　　　　　　　B　絵を指さす乳児（達）と保育者
　　乳児と，その絵へ注意を
　　向ける親

図3.3　絵本の絵への乳児の行動と親・保育者のかかわり

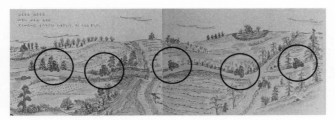 

A　絵本『ねずみのおいしゃさま』（異時同図）　　　　　B　絵本『いただきまあす』

図 3.4　絵本の絵をめぐる共同活動による学び（○…共同注意対象，注意を向けあった絵）

理解し，「昨日の夜おうちで食べたあまーいイチゴと一緒だね」などと語りかけ
応じる）．

　生後 9 カ月頃になると「絵を手で探索する行動」は減少し，「絵を指さす行動」
が増加していく（図 3.3 の B）．この「絵を指さす行動」は，子どもが絵（2 次元・
平面）は現実の物（3 次元・立体）とは違うことに気づき，絵はつかむなどの操
作をする物ではないことを理解したことを伝えるサインである．乳児が初めて絵
を指さしたときは「絵とは何か」すなわち絵の性質に気づき理解した瞬間であり
（DeLoache & Ganea, 2009），他者と情報を伝えあうためのメディアとして絵を
理解し，絵から情報を得ながら共同活動を展開するようになる．

　また，絵への指さしは，絵本を読んでいるときに一緒に読みあっている人へ興
味や関心のあるところ（絵）を伝え，やりとりする際に重要な役割を果たす共同
注意行動でもある（菅井，2012 など）．この絵への指さし行動に対して丁寧に応
答することにより，身近な人と心通わせる経験となり，子どもの興味や好奇心を
ひきだし，さらなる行動の意欲を育て学びへつながっていくことになる．

　さらに，さまざまな絵と出会い共同活動を続ける中で，絵の表現技法（遠近法，
異時同図，漫符など）や，表現ルールを含む絵の文法にも触れ，絵の読み方を身
につけながら文化的な学習の機会を得ていく（図 3.4A，たとえば異時同図で描
かれている絵を指さし「1, 2……5, 5 匹になったよ！」と数えて言う 3 歳児の行
動に対して，絵の読み方を知っている大人が指さした絵へ注意を向け，さりげな
く 1 匹のねずみのおいしゃさまが移動している時間経過を表現していることなど
を伝える共同活動）．また，一緒に読みあう人により絵から読み取る情報が異な
る場合（注意を向けた絵から読み取る情報の相違をめぐる共同活動）もあり，読
みあう人の数だけ楽しみ方が広がる可能性を秘めているのが絵本というメディア
である（図 3.4B，たとえば描かれた絵の中でも空のお皿の絵へ注意を向け「全

部食べたね」といった読み手に対して，「ん！！」と言いながらスパゲッティが
1 本残っている絵を指さし注意を向け，まだ残っていて全部食べていないことを
伝える 2 歳児）.

演習 3.2　絵本の「絵」を読んでみよう！

　絵本を何冊か用意し，絵本に書かれた文字だけではなく，描かれている「絵」を
よく読み，絵の表現技法（遠近法，異時同図，漫符など）を発見しましょう．また，
絵本を読みあうときに，どの絵へ注意を向け，絵をどのように読むか，子どもの姿

絵本の題名	作・絵，出版社，出版年	絵の表現（例：p. ●，遠近法）	予想される子どもたちの姿

を予想してみましょう.

　絵本をメディアとして選択する際には，ストーリー内容だけではなく「絵」が
いかに表現されており，子どもにどのように伝わるかを予想し絵にも配慮するこ
とを意識したい（たとえば，いっすんぼうしが一寸，約 3 cm の大きさであるこ
とが伝わる絵であるかなど，子どもの姿から絵を読み直し，表現されている絵を
よくみてみよう）.

b.「絵本」と出会い「文字とは何か」を学ぶ

　絵本の読みあいに参加する中で，印刷された模様が文字であることや意味があ
ることに気づき，文字のルール（横書きは左から右へ，上から下へ読む方向があ
ること，縦書きは上から下へ，右から左へ読む方向があること）に気づくなど，
萌芽的読みがみられるようになる．そして日本語には，ひらがな，カタカナ，漢
字などの表記があることを楽しみながら学んでいく．日本語のひらがなは，71
文字ある（清音 45 文字・濁音〈がぎぐげごなど〉20 文字・半濁音〈ぱぴぷぺぽ〉
5 文字・撥音〈ん〉1 文字）．文字の習得には，音と文字を対応させる**音韻意識**（「音
韻分解」と「音韻抽出」からなる）が必要である．ひらがなは 1 文字 1 音節のも
のが多く，この関係に気づくと読みの習得は急速に進み，ひらがなに関しては就

図3.5 絵本『ねずみくんのチョッキ』

学前の段階で多くの子どもたちが読めるようになっているが，「特殊音節」が読める子どもの割合は5歳児でも低く（促音〈きってなど〉72.9％，長音〈ようなど〉55.4％，拗音〈きゃきゅきょなど〉65.7％），清濁音に比べ習得が遅い（高橋，2016；島村・三神，1994）．

たとえば，図3.5の絵本の表紙に書かれた題名『ねずみくんのチョッキ』の文字を，指さしながら声に出して読んでみよう．

文字（ひらがな，カタカナなど）を読むことができなくても，保育者と一緒に読みあいながら題名の読み方や，文字は1文字ずつ指さしながら読むことができることを知った4歳児さきちゃんは，「ねずみくんのチョッキ」と言いながら指さし読もうとするが，「ちょっ」と言いながら「チ」1文字を指さすため文字が余ってしまい，何度も試行錯誤して表紙の文字とかかわっていた．特殊音節は，文字表記と音との関係が1文字1音節対応ではなく，「ちょっき」のように3文字1音節で，読み方や表記（小さい「ョッ」）など，異なる学びが必要となり，むずかしい．「チョッ」をどのように指さして読むか．一緒に読みあっていた保育者は「ちょっ」と言い音にあわせて素早く3回指さそうとするが間に合わず，何度も挑戦していた．するとその姿をみていたさきちゃんが「チョッ」を指でたどり「キ」は1文字指さして読み，保育者の顔をみて微笑んだ．保育者は子どもの行動になるほどと感心しながら，読みあうことを楽しんでいた．

文字との出会いや興味・関心は個人差が大きいため，保護者や保育者が一人一人の発達の姿をふまえ，周りの人とかかわり楽しみながら絵本場面に参加し，文字に親しめるように丁寧に援助し，環境構成の工夫などにも配慮することが必要である．とくに乳幼児期は保護者や保育者，仲間に足場をかけてもらいながら，文字への興味や関心を深め，文字に関するルールを知り，何かを伝えたり，人と人がつながりあうために文字があること，文字を使用する意味を学んでいく時期である．それゆえ文字にかかわる豊かな感覚を育てることが，小学校以降の文字の学習への基盤となることを忘れてはならない．

演習 3.3

　絵本を選択するときに，子どもたちが新たな言葉や文字の区切りなどの表記にも触れながら学ぶことを意識してみよう．たとえば『ももたろう』を読み終わったときに「きびだんごってどんな音？」と聞いた4歳児．「おとも（お供）する」ではなく「おとも（音も）する」と伝わっていたようである．言葉（話し言葉，書き言葉：文字）から何が伝わっているのかについて，子どもたちの姿を予想してみよう．

---

c.「絵本」と出会い絵本のルール「ページをめくり読む」を学ぶ

　絵本は，表紙から裏表紙まで，読む人（たち）のリズムで「ページをめくり」読み進めていくメディアである．1冊の絵本へ注意を向けあい読みあう共同活動において「ページめくり」は重要な行動である．手指の運動や把握の発達に伴い，乳児なりに物である絵本へ「指先でめくる行動〈乳児と絵本との関係において紙を指先でめくる行動〉」でかかわり（図3.6のA・B・C），相手との関係の中で少しずつ絵本場面への参加行動である「ページをめくる行動〈乳児と保育者と絵本の関係における共同活動としてページをめくる行動〉」（図3.6のD）がみられるようになるという発達過程があり，1歳頃からページをめくり読みあう行動へと変化していく（菅井，2020など）．

　　「指先でめくる行動」　➡　「ページをめくる行動」

A 絵本場面へ参加し別の絵本を「指先でめくる」　　D 絵本場面へ参加し読みあう絵本の「ページをめくる」

B 紙を1枚めくるまでの動き（複数枚つまみ，パラパラと手から離し1枚つまみめくる）　　C 絵本を縦に置き上下に紙をめくり絵本を探索する　　E 1枚つまみめくるのが難しそうなときに，次のページをさりげなく指で持ち上げ援助する大人　　F 1人で薄い紙もめくれるようになり，大人の模倣をして，1人で読んでいるつもりでパラパラめくる

図3.6 絵本を「指先でめくる」行動から「ページをめくる」行動への発達過程

このように乳児は絵本場面へ参加しながら，ページをめくり，読み進めていくメディアであることを学習し，ルールを学んでいく．親や保育者は，この見通しをもちながら乳児の行動を理解し，読みあう相手として応答し，乳児の行動を見守ったり，ときにはページをめくりやすくするためにさりげなく 1 枚指でもちあげる（図 3.6 の E）など，足場をかけたりはずす援助が必要となる．お互いのリズムを調整し，ページをめくるタイミングや方法を身体を使って学び，前に戻って確認したり，めくるページの紙を 1 枚つまむまで悪戦苦闘し指でつかみ，つまみ，めくったりしながら読み続け，絵本の内容の情報を得ていくことに紙の絵本の醍醐味がある．このような経験を積み重ねていくことが，1 人で本を読む際のページめくり行動へとつながっていく（図 3.6 の F）．ページめくりの難易度は，絵本の素材（厚紙，薄紙，布など）により変わるようである．絵本選択の際には，絵本の素材にも注目してみよう．

これまでみてきたように子どもは発達とともに，言葉（話し言葉・書き言葉：文字）をめぐるやりとりを行うようになり，親や保育者，友だちと一緒に読みあい，じっくり観て聴きいりながら絵本に親しみ，自分たちの経験と結びつけながら想像する楽しさを味わうようになる．そして絵本の世界から想像の世界へと注意を向けあう対象がいまここにある物を超えていき，豊かなイメージを広げ新たな活動を展開し学びあっていく．子どもは次第に絵や文字から情報を得て 1 人でも楽しめるようになるが，誰かと一緒に読みあう時間は，1 人で読むのとは違う世界に出会い，学びが広がる可能性を秘めている．

3.3　現代社会のメディア環境における子どもの発達・学習

ここでは，今の子どもたちを取り巻くメディア環境や，多様なメディアと子どもの発達・学習，保育や学校現場での ICT 活用について考えてみよう．

3.3.1　現代の子どもたちを取り巻くメディア環境

3.2.2 項では乳児期から出会うメディアの 1 つとして絵本をとりあげたが，近年，乳児期からテレビやビデオ，DVD などの映像メディアや，スマートフォン（以下スマホ）などのデジタルメディアに接する機会も増えてきている．子どもたちはデジタルネイティブやスマホネイティブと呼ばれることがある．たとえば，1 歳児から 6 歳児が利用する機器は，スマホが 62.0 ％，タブレット端末が 23.7 ％，パソコンが 7.4 ％である（橋元ら，2019）．また 0 歳児の 23 ％がスマホに接触しており，1 歳児の 42 ％がスマホタブレットでスワイプし，ピンチアウト，ピンチ

図 3.7　映像をみて操作する乳幼児（ビデオカメラ，スマホ）と，子どもたちがやりとりするスマホ型手紙

インの動きを 2 本の指で行い画面を拡大・縮小することや，32.1％は画面にタッチして別の動画へ移動する操作ができること，3 歳までにその割合が増加することが調査から明らかにされている（電通，2018）．これらの新たなメディアとの出会いが，子どもたちの発達や学習（学び）を変える可能性があることは予測できるであろう．

　さらに技術の進歩により，視覚や聴覚を通して情報を受け取るだけではなく，五感を刺激するさまざまな演出（シートの動き，風，水しぶき，ストロボライト，香り，スモークなど）があり，まるで映画の中にいるような体験ができる「4D 映画」（たとえば「アナと雪の女王 2」）や，仮想世界に現実の行動をもち込む「バーチャルリアリティ」（たとえば「ポケモン GO」ゲーム）など，新たなメディアも登場し，社会現象にもなったことは記憶に新しい．このように乳幼児の生活環境にデジタルメディアが浸透している現在，それらの使用を制限するのではなく，大人が賢い使い方を支援する「メディア・メンター」になる必要があるという主張がなされている（秋田ら，2020）．

3.3.2　多様なメディアと子どもの発達・学習

　映像は，1 人でも見続けることができるが，一方向的に情報が提供され，長時間受け身でいる可能性が高く，子どもへのさまざまな影響が注目されてきている．たとえば，実際に経験しなくても，他者の行動を観察するだけでも学習は成立する．バンデューラ（Bandura, A.）は，この他者（モデル）の行動を観察し学習する**観察学習（モデリング）**を研究し，モデルが人形に攻撃行動（たたく，蹴るなど）でかかわっているのを観察した子どもは，同じような攻撃行動をすることが多いことを見出した（第 8 章参照）．つまり攻撃行動を観察し，子どもがその行動を学習したのである．テレビや映画やゲームの攻撃映像や暴力映像を子どもがみることによる悪影響が叫ばれるのは，このような研究結果が根拠となってい

る．また攻撃行動や暴力行動のほかにも社会的行動（**性役割（ジェンダー）行動**や**道徳的行動**，「愛他的行動」など）との関連も研究がなされてきている．

> **演習 3.4**
>
> 　子どものテレビ番組のキャラクターの行動について調べ，歴史的変遷や社会的背景，子どもへの影響を考えてみよう（例：NHK 教育テレビ「おかあさんといっしょ」の歴代キャラクター，登場するキャラクターの人数，性別や性格設定，行動特徴，制作者の意図など）．

　映像メディアである「テレビ」については，子どもの発達や学習との関連について多くの研究がなされてきているが，一貫した研究結果が示されていないという．しかし**共視聴**（親子，異世代が一緒にみること）が望ましいことは，多くの研究で支持されてきている（シュライヒャー，2020; Schleicher, 2019）．とくに親が子どもと一緒にテレビをみたり内容について子どもと会話したりすることが，言語発達や，社会性の発達（協調性や共感性など）を促すことが示されている（菅原ら，2007 など）．1 人で画面をみるときよりも画面に注意を払い，みた内容から学ぶ力を高めることができるという．まさに共同注意場面においてメディアと出会い，社会的参照点となる親と一緒に共同活動を展開し子どもの発達や学習を促進するといえる．

　映像理解については，4 〜 6 カ月児が映像の人よりも現実の人により多く微笑みかけること（**選択注視**）や，10 カ月児が映像と現実を区別していること，18 カ月児が映像でみた行動よりも実際にみた行動をより多く模倣することなど，映像と現実は異なり，現実の情報から子どもは多くを学ぶことが明らかにされている．その一方で，9 カ月児は映像のおもちゃをつかもうとするなど，現実と映像世界が混同しているようにみえる行動も示されている（小平，2019）．子どもは周りの人（親，保育者，友達など）と一緒に，映像をみて共同活動を繰り返す中で，少しずつ映像の読み解き方を学んでいく．映像理解を導く親や保育者などの「足場かけ」では，子どもに問いかけること，描写説明すること，その名は何か教えることなどが提案されている．現在，双方向の映像メディアも登場している．今後の動向に目を向けながら，子どもと映像メディアとの出会い方，映像理解の発達や学び，そのための援助や指導を考え続けていくことが必要であろう．

3.3.3 保育・幼児教育・学校教育におけるメディア環境

今日，学校教育のみならず，保育・幼児教育においても新たなメディア環境を取り入れる方法が模索されはじめている．**ICT（情報通信技術）**が発展，普及し，多様なメディアが生み出され，用いられる現代社会では，子どもの発達や学習も変わり続けている．新たな学習環境での学習者の能動的な参加を促す教育方法や，学習環境の拡がりなどの提案のもとに，現場での実践が積み上げられ，さまざまな分野から研究がなされてきている（菅井ら，2002 など）．

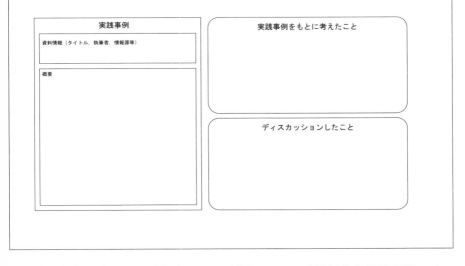

演習 3.5　現代の保育・幼児教育・学校教育のメディア環境は？
　保育・幼児教育・学校教育現場のメディアをめぐる実践事例を調べましょう．事例をもとに，「子どもの育ちとメディアとの関係」や，「子どもたちへの援助や指導のあり方」，「メディアによる問題」などを探り，ディスカッションしましょう．

実践事例
資料情報（タイトル，執筆者，情報源等）
概要

実践事例をもとに考えたこと

ディスカッションしたこと

　保育・幼児教育では，子どもの ICT 利用については消極的な状況が続いているといわれているが，子ども同士のかかわりや社会情動的発達を支え共同性を促すメリットなども指摘されてきている．保育の質を高め，保育活動を充実させ発展させるための新たな保育環境として，またコミュニケーションの場・玩具の1つとして取り入れる園が少しずつ増え，子どもたちの遊びや学びを深めるツールとして ICT が利用され始めているという（小平，2019）．また保育者にとって，ICT を活用した保育記録（ポートフォリオやドキュメンテーションなど）を作

成することは，園と家庭をつなぎ保護者との関係を築き，保育者同士で情報を共有する際の有効なツールとなっている．さらに記録を作成するプロセスを通して，子ども理解が深まっていくという役割も果たしている（第 4 章参照）．

　メディア環境の進展はめざましく，今後の国際的な動向や保育・幼児教育・学校教育現場での実践事例に学び，子どもの育ちとメディアとの関係，子どもたちにとっての援助や指導のあり方，メディアによる問題（心身の健康への影響，睡眠問題，ストレス，メディア漬け，情報格差，情報弱者，ネット犯罪，ネットいじめ，SNS トラブルなど）について考え続けていくことは必須である．子どもとかかわり，ともに学びあい学び続ける者として保育者や教員，そして保育者・教員をめざす学生も，メディア・リテラシーをふまえ，ICT 機器の操作に親しみながら目的に応じて活用できるようになることが求められているといえよう．

文　献

秋田喜代美・野澤祥子・堀田由加里・若林陽子：保育におけるデジタルメディアに関する研究の展望．東京大学大学院教育学研究科紀要，**59**, 347-372, 2020

東洋：児童文化－心を育てるはたらき．東洋・小澤俊夫・宮下孝広編：子どもと教育－児童文化入門，岩波書店，pp. 1-34, 1996

DeLoache, J. S. & Ganea, P. A.：Symbol-based learning in infancy. In Woodward, A. & Needham, A. (eds.)：*Learning and the Infant Mind*, Oxford University Press, pp. 263-285. 2009

電通報 2018：「0 歳児からスマホ」の時代：東大共同調査からの報告，電通．http：//dentsu-ho. com/articles/6363.（2020 年 7 月アクセス）

橋元良明・久保隅綾・大野志朗：育児と ICT －乳幼児のスマホ依存，育児中のデジタル機器利用，育児ストレス．東京大学大学院情報学環情報学研究調査研究編，**35**, 53-103, 2019

家島明彦：メディアと発達．田島信元・岩立志津夫・長崎勤編：新・発達心理学ハンドブック，福村出版，pp. 621-633, 2016

小平さち子：子どもとメディアをめぐる研究に関する一考察－2000 年以降の研究動向を中心に．放送研究と調査，2 月号，18-37, 2019

Kummerling-Meibauer, B., Meibauer, J., Nachtigaller, K. & Rohlfing, K. J.：*Learning from Picturebooks*：*Perspectives from Child Development and Literacy Studies*, Routledge, 2015

なかがわまさふみ作，やまわきゆりこ絵：ねずみのおいしゃさま，福音館書店，1977

Rogoff, B.：*Apprenticeship in Thinking*：*Cognitive Development in Social Context*, Oxford University Press, 1990

Schleicher, A.：*Helping Our Youngest to Learn and Grow*：*Policies for Early Learning*, 2019（シュライヒャー著，経済協力開発機構（OECD）編／一見真理子・星三和子訳：デジタル時代に向けた幼児教育・保育－人生初期の学びと育ちを支援する，明石書店，2020）

島村直己・三神廣子：幼児のひらがなの習得－国立国語研究所の 1967 年の調査との比較を通し

て，教育心理学研究，**42**，70-76，1994

菅井勝雄・赤堀侃司・野嶋栄一郎：情報教育論－教育工学のアプローチ，放送大学教育振興会，2002

菅井洋子：乳幼児期の絵本場面における共同活動に関する発達研究－共同注意の指さしからの探究，風間書房，2012

菅井洋子：言語の発達．高櫻綾子・請川滋大編：子どもの育ちを支える発達心理学，朝倉書店，pp. 44-56，2013

菅井洋子：乳児と保育士による共同活動としての「ページめくり行動」－絵本を「指先でめくる行動」から「ページをめくり読みあう行動」へ．川村学園女子大学研究紀要，**31**，113-129，2020

菅原ますみ・向田久美子・酒井厚・坂本章・一色伸夫：子どもの社会性とメディア接触との関連．子どもによい放送プロジェクト第4回調査報告書，NHK放送文化研究所，pp. 60-65，2007

高橋登：36章　読み書き能力．田島信元・岩立志津夫・長崎勤編：新・発達心理学ハンドブック，福村出版，pp. 407-416，2016

Tomasello, M.：*The Cultural Origins of Human Cognition*, Harvard University press, 1999

Tomasello, M.：*Becoming Human：A Theory of Ontogeny*, Harvard University Press, 2019

Vygotsky, L. S.：*Thought and Language*, 1956（柴田義松訳：新訳版思考と言語，新読書社，2001）

わたなべしげお作，おおともやすお絵：いただきまあす，福音館書店，1980

Wood, D., Bruner, J. S. & Ross, G.：The role of tutoring in problem solving. *Journal of Child Psychology and Psychiatry*, **17**, 89-100, 1976

人とかかわるのが面倒です。人生を変えるような人との出会いはありますか？

　結論からいいますと，「人生を変えるような人との出会い」はあります．でも自分次第ではあります．「人から何を学び，何を感じ，どう取り入れ，どう自分のものにしていくか」が大事なのではないでしょうか．

　私は現在，児童相談所の児童福祉士として働いていますが，それまでは公立保育所の保育士，児童相談所の一時保護所の指導員として働いてきました．子どもたちはもちろんのこと，職場の同僚や保護者から学んだことは私の宝物です．その中から2つのエピソードを紹介します．

　　保育所の2歳児クラスで，女の子たちがお母さんごっこをしていました．人形を抱っこしながら，「ねぇーねぇーうちのこ，すごいのよ」と我が子の自慢をしています．そばで保育士が聞き耳を立てていると……

　　A子　「うちのこね，ごはんいっぱいたべるのよ」

　　B子　「うちのこは，おもちゃいっぱいもってるの」

　　C子　「うちのこね，とりをてでつかまえられるのよ」

　これは後輩の保育士が「子どもたちのつぶやきが面白かったから」と話してくれたエピソードです．この保育士の着眼点や子どものとらえ方から，“子どもの目線に立って，つぶやきも含めた保育のすべてを面白がる姿勢”を学びました．

　　保護期間が1年を超え，ようやく児童養護施設に行けることが決まったNくん（小6）．一緒にNくんの大好きなオセロをしながら遊んでいると，Nくんが「今度行く施設はお小遣い（月に）3600円あるんだよ」と嬉しそうに話します．そのときのNくんは，ようやく行先が決まり，新たな生活に目をキラキラと輝かせていました．そんなNくんには酷な一言だとは思いながらも，あえて「今，12歳だから6年後にはその施設を出ないといけなくなるよね．そのとき，お金がなかったらどうなる？」と問いかけました．

　　Nくん　「わかんない．今はゲーム買いたい」

　　私　「でもね，3600円のうち，3000円貯めたら，6年で20万円．20万円あったら，新しい生活をするのに必要な洗濯機や電子レンジが買えるよ」

　　Nくん　「生活するのにどのくらいお金かかるの？」

　　私　「電気・ガス・水道で2万円くらいかかって，払わないと止められちゃう．食

費はがんばれば３万円くらい．トイレットペーパーやシャンプーなどの生活必需品のお金に，それから家賃にスマホのお金もかかってくるね」

　Ｎくんはオセロが終わった後，別の指導員に「〇〇さんは子どもの頃，貯金した？」と聞きに行っていました．そして他の大人の話も聞いて，よーく考えた様子でした．その日の日記には「まささん（筆者のこと）と将来の話をできて良かった．ありがとう」と書いてありました．

　児童相談所の一時保護所には，虐待，家出や万引きなどの非行，家庭内暴力，ゲーム依存や親子喧嘩，親の逮捕や入院による養育者不在など，さまざまな理由で保護された子どもたちがいます．そうした子どもたちは，一時保護所での集団生活を通して，生活リズムを整え，「自分のこれから」を考えていきます．

　私が勤め始めた頃，子どもたちからの「試し行動」がありました．「どのように対応したらいいか」と悩んだこともありました．そうした日々の中で子どもたちとかかわり続け，同僚とも話すことを通して，子どもたちからの試し行動に動揺しないようにして，“試させてあげる”くらいの余裕をもったら，子どもたちの様子が少しずつ変わっていきました．そして子どもたちがもっている長所をたくさんみつけ，一人一人の良さに注目して，肯定的な言葉をシャワーのように語りかけ続けていくと，さらに子どもたちが変わっていき，子どもたちとの間に深い信頼関係を築くことにつながっていきました．

　その子どもの１人がＮくんです．このエピソードにあるように，私は新しく始まる日々に目を輝かせていたＮくんに対して，厳しい現実を突きつけました．そこには私のＮくんに対する「自立をしっかり見据えてがんばってほしい」という想いや願いがあったからです．そしてＮくんも拒絶や反発をするのではなく，私の言葉や思いを受け止めて，向きあってくれました．

　私は，子どもたちに「わかってもらっている」，「大事にされている」，「いつも応援してくれる」と感じてほしいと願っています．またそのように感じることのできる人と出会ってほしいと願います．人とかかわることが面倒くさい，わずらわしいと感じる人がいても当然です．でも人とかかわるからこそ，“ホッとする！居心地がいい！　何かパワーをもらえる！”と感じることができるのではないでしょうか．私も家族，職場の仲間たちや子どもたちから，たくさんのパワーをもらって，今は児童福祉士としてがんばっています！

　みなさんには，これからどんな出会いがあって，その出会いを通してどのように成長していくのでしょうか？　そう考えるとワクワクしませんか！

第 3 部

なぜ学校に行くの？

第4章

いっぱい遊んだ子どもは賢くなる？
－非認知能力と認知能力－

4.1 遊びが大事？

　子どもはどのように育てるとよいだろうか. できるだけ早い時期から読み書き, 計算, 英語や運動などを教えるとよいのだろうか. それとも子ども時代はできるだけ遊ぶほうがよいのだろうか.

　実はいくつかの研究でその答えが明らかになっている. 時間を区切って小学校の準備教育を一斉に指導している「一斉保育」の園と, 子ども中心の保育で自由遊び時間が長い「自由保育」の園を語彙力に関して比較した研究がある（内田・濱野, 2012）. 一斉保育の園では文字などの指導も行われているので, 一斉保育の園のほうが語彙力が高くなるだろうと考えられるが, 調査の結果は意外なことに, 自由保育の園のほうが子どもの語彙得点が高いと報告されたのである（図4.1）. 語彙力は学習の基盤となる重要な力であるが, ひらがなの読み方や書き方を教える園よりも, 朝から好きな遊びを好きなだけ遊ぶことのできる園のほうが子どもたちの語彙力が豊かに育つのである.

　また運動能力の面においても, 同じように保育形態で比較した研究がある（杉原, 2010）. こちらも, 体育指導をしている園のほうが子どもの運動能力が高まるのではないかと考えられるが, 調査の結果は, 体育指導のない自由に外で遊ぶ時間を多くとっている園のほうが, 子どもの運動能力が高いという結果が出ている（図4.2）.

　さらに別の調査では, 園で「遊び込む経験」をたくさんしている子どものほうが, 経験が少ない子どもよりも, その後の**学びに向かう力**が高いという結果が出ている（図4.3）. この調査では「学びに向かう力」を,「協調性」「がんばる力」「好奇心」「自己主張」「自己統制」の5つの領域で構成し, 学習の土台となる力と定めている.

　いずれも小学校入学前の幼児を対象にした調査であるが, ここで紹介したすべての結果が, 遊びが子どもの成長にとってプラスの結果をもたらすこと示している. いったいなぜだろう.

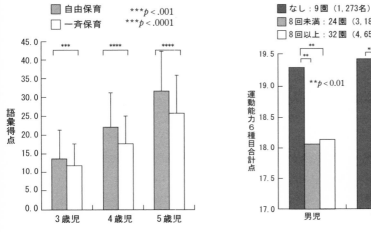

図 4.1　保育形態による語彙力の差
（内田・濱野，2012）

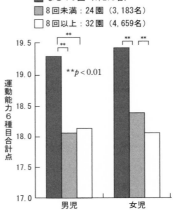

図 4.2　幼稚園での 1 カ月当たりの運動
指導頻度による運動能力の比較
（杉原，2010）

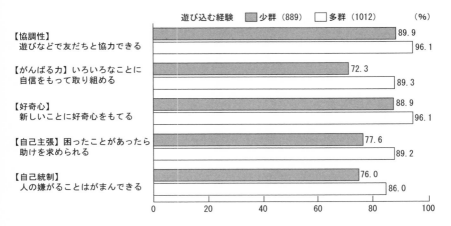

図 4.3　子どもの「学びに向かう力」（遊び込む経験別）（ベネッセ教育総合研究所，2016）

　運動能力の研究（杉原，2010）では，考察として「意欲」の面があげられてい
る．大人は子どもに必要な力をつけるために，体操などさまざまなメニューを考
え実施するが，子ども自身が運動の必要性を感じて一生懸命取り組めるとは限ら
ない．一方自由遊びで鬼ごっこをするとしたら，今日は絶対につかまりたくない
という気持ちで必死に走り回るだろう．体育の時間のように平らな地面をまっす

ぐ走ることを繰り返すのではなく，遊びの中では意欲に突き動かされ，つかまらないように高いところに登ったり，ジャンプしたり，つかまりそうになったときには身をひるがえしたりなど，動きも自ずと多様性にあふれたものになる．一斉指導のように保育者が説明をしたり，他の子どもが運動している間に待っている時間もないということで，結果的に自由遊びの時間を多くもつ園の子どものほうが，意欲をもって長い時間さまざまな動きを経験し，運動能力が高まったと考えられる．言われるままに従うのではなく，主体的に，自分から取り組み，達成感を得られることが，より良い学び（成長）につながるのである．

4.2　遊びとは？

　ところでそもそも「遊び」とはいったい何だろう．生命維持に必要なわけでもないのになぜ行われるのだろうか．遊びは古くからさまざまな人々によってその意義が考えられきた（たとえばホイジンガ，1973；カイヨワ，1990 など）．それぞれに興味深い議論がされているのだが，ここでは子どもが遊ぶ心理状態に着目した山田（1994）の遊びの条件（①楽しさ，②非手段性，③主体性）から考えていこう．

　①の楽しさは，文字通り，集中し，夢中になる活動ということである．チクセントミハイ（2001）がフローと表現する状態であり，保育で幼児の姿を評価する際には「遊び込む」などと表現されることがある（第 6 章参照）．観察していると，表情から楽しさが理解でき，活動を通して感情が発散されているような，笑い声が漏れるような「笑顔」の状態を想像するといいだろう．一方で楽しさは緊張として現れることもある．積み木を自分の身長よりも高く高く積み上げている子どもは，静かで，「真剣な表情」をしているだろう．こちらもチャレンジするというわくわく・どきどきする気持ちを感じながら活動に没入している状態である．

　②の非手段性とは，動機づけから考えると理解しやすい．たとえば縄跳びができるようになったらご褒美のシールをあげると言われて，ご褒美のために縄跳びをするとしよう．この場合，縄跳びそのものではなく，ご褒美のシールが目的の活動となるので，縄跳びはシールを得るための手段にすぎないことになる．これは**外発的動機づけ**による行動となり，自分の外側にある報酬を得るため，または罰を避けるために生じるものである．一方で縄跳び自体に面白さや喜びを感じて縄跳びをするのならば，縄跳びそのものが目的の**内発的動機づけ**に基づく活動であり，縄跳びはその子にとっての遊びといえる（第 6 章，第 8 章参照）．

　③の主体性とは，誰かに命令されたり強いられたりする活動ではなく，自分か

らしたくてするということである．自分の意思で始めることができ，止めたり，抜けたりすることもまた，自分の意思で行うことができる活動が遊びである．参加について自己決定できる，またそのように主体が感じられる状態であることが，遊びの必要不可欠な条件といえる．

　以上の3点が揃った活動を遊びと呼ぶことができる．子どもの遊びを考える際には，子どもにとって本当に「遊び」といえる活動なのか，すなわち楽しめる内容か，参加が強制や義務になっていないか，活動以外が目的になっていないかの3つの条件を備えているかをチェックするといいだろう．

4.3　保育・幼児教育における遊び

4.3.1　遊びを通しての総合的な指導

　遊びについてみてきたが，保育ではどのように定められているだろう．『幼稚園教育要領』（文部科学省，2018）には，冒頭の第1章で，遊びについて「幼児の自発的な活動としての遊びは，心身の調和のとれた発達の基礎を培う重要な学習であることを考慮して，遊びを通しての指導を中心として第2章に示すねらいが総合的に達成されるようにすること」とあり，遊びについて3つの観点で記述されている．第一に，「幼児の自発的な活動としての遊び」とある．先述した山田（1994）の条件と重なるが，「遊びは自分からするもの」という遊びの定義が示されている．第二に，「遊びは学習である」と述べられている．最後に，「遊びで指導する」と書かれている．まとめると，子どもにとって遊びは学習であり，保育者にとっては指導の手段でもある．その際，子どもにとっては主体的なものでなくてはならない．ここが保育・幼児教育における遊びを考える際の重要なポイントである．

4.3.2　環境を通した教育

　では保育・幼児教育では子どもがただ遊んでいればいいのだろうか．幼稚園や保育所，認定こども園はすべて「教育」の場として規定されている．小学校以上の学校教育では，教科がありその中には単元があり，時間割に沿って，教科書を使って教師が勉強を教えるが，保育・幼児教育ではどうだろう．『幼稚園教育要領』の冒頭には，幼児期の教育は「環境を通して行う」とあり，これが幼児期の教育の方法なのである．なお，ここでいう保育の環境とは子どもの周りにあるものすべてのことである．草花や虫，玩具や遊具，床や壁，人，光，温度，音など子ど

もを取り囲むものすべてが保育における環境である.

4.3.3　環境構成

　環境を教育的にデザインすることを**環境構成**と呼ぶ.これは保育者の重要な仕事の1つである.環境構成は『幼稚園教育要領』によると「幼児の主体的な活動が確保されるよう」に行う.保育者が子どもに対して指示を出して活動させるのではなく,子どもが自分から「思わず遊びたくなる」ような環境をつくり,その環境に子どもがかかわり,遊ぶ中で,さまざまな学びを経験できるようにすることが保育の専門家としての仕事である.保育者にとって「環境を通した教育」とは,「子ども主体で」「遊びの中で」教育する方法といえる.

　たとえば秋は,たくさんの木の葉や木の実が色づき,自然環境とたくさんふれあい楽しむことのできる季節である.しかし日常生活で動画などの刺激の強いものに慣れている子どもは周囲の自然物を気に留めにくい.そこで保育者がかごやビニール袋といった環境を準備し働きかけると,子どもには葉や実が「集めるもの」としてみえてきて,喜んで拾い出すようになる.また集めた木の葉や木の実は,ひとまとめにして保管するよりも種類ごとに分類しておくと,「材料」としてみえてきて,並べて動物の形をつくったり,ケーキの飾りつけとして使ったり,さまざまな遊びが発展するだろう(図4.4).このように保育者が「集めよう」「つくろう」などと指示をしなくとも,思わず手が伸びる,思わず身体が動き出すような環境をつくることも環境構成である.

図 4.4　ひとまとめの自然物と種類ごとに分けられた自然物(葉や実)

4.4　非認知能力

4.4.1　非認知能力を育てる

　認知能力は知識,計算,思考力などの,テストで測りやすい「学力」のようなもので,これまで教育において重視されてきた力である.一方,非認知能力は「目標達成(忍耐力,自己抑制,目標への情熱)」,「他者との協働(社交性,敬意,

思いやり）」，「情動の制御（自尊心，楽観性，自信）」などの力をさす．非認知能力を，幼児期に育てていくことが，小学校以降の学校教育だけではなく，人生において非常に重要であることが明らかになっている（第1章参照）．

　では幼児期に，どのように非認知能力を育んでいくとよいのだろうか．非認知能力は認知能力ではないもの，という意味の言葉である通り，多様な能力を含んだ総称なので，さまざまな概念に置き換えて実際の調査・研究は行われている．前述の「遊び込む経験」をたくさんしている子どものほうが「学びに向かう力」が高いという結果が出ている調査では，非認知能力を「学びに向かう力」という概念として定め，子どもへのかかわりとの関連を示している（ベネッセ教育総合研究所，2016）．この調査では園の「自由に遊べる環境」と「保育者の受容的なかかわり」が，子どもの「遊び込む経験」と「協同的な活動」に，さらにそこから就学時の「学びに向かう力」すなわち非認知能力の形成につながることを明らかにしている．

　この調査は年長児の保護者へのアンケートによるものだが，それ以前の乳児期はどのように過ごすとよいだろう．乳児の外界への探索がとくに促されるのは，安定したアタッチメントにおいてであることがわかっている（数井・遠藤，2005, 2007）．アタッチメントは特定の他者とくっつくことをさすが，たとえば，遊びの中で転んでしまって，痛い思いをしたときに，保護者や保育者に抱っこされ「痛かったね，大丈夫だよ」と慰められると元気を取り戻し，安心してまた遊び出すことができる．何か怖いことがあれば信頼できる大人にくっつくことができる，くっついたら大丈夫，という安心感がある子どもは，大人から離れて遊びに没頭することができるのである．この安全の基盤が土台となり，助けてもらえるという「信頼感」や，助けてもらえる自分であるという「自尊心」，ネガティブな気持ちも調整することができるという「自己抑制」といった，非認知能力の根っこを育むことができるのである．人生の最初期である乳児期に，大人との安定した愛着関係を形成することがその後，幸せな人生を歩むベースとなるのである．

4.4.2　幼児期の教育と小学校教育

　ここで，幼児期の教育と小学校教育の特徴を比較してみよう．幼児期の教育の目標は，「するようになる」「しようとする」などの**方向目標**として定められる．一方小学校教育では，「できるようにする」というように**到達目標**が設定される．教育課程としては，幼児期の教育では一人一人の生活の中での興味・関心や，具体物を扱う中で体験する**経験カリキュラム**である．一方，小学校教育では学問の

体系に基づいて系統的に学ぶ**教科カリキュラム**である．教育の方法は，幼児期の教育では遊びを通した総合的な指導である．小学校では教科の目標・内容に沿って教材が選択され教育が展開する．

　非認知能力は，『幼稚園教育要領』や『保育所保育方針』では「育みたい資質・能力」の三点目として「学びに向かう力，人間性」として掲げられている．すなわち保育・幼児教育は小学校の授業内容を前倒しして文字や数などの知識を教える準備教育ではなく，学びに向かう力という土台づくりをして，小学校にバトンを渡しているのである．こういった互いの特徴を理解しあい，双方の接続期のカリキュラムに活かすことで，子どものもつ力を活かせる円滑な接続が達成できる．

4.4.3　これからの子どもたちを育てるために

　現在，情報技術が飛躍的に発達し AI の時代を迎え，社会は便利で快適になる一方，地球規模の環境問題に端を発する災害や感染症で世界中が危機に瀕しており，争いも絶えない．安定している社会では，暗記型の知識は有効かもしれない．しかしこれからは，答えがみつかっていない問いに対して，情報を収集し，対立を克服し，解決に向かっていく，そういった力をもつ人を育てていく必要があるだろう．こうしたことからも，大人が重要と考えていることを一方的に教え込むような教育ではなく，子どもが自らの意欲に動かされ，さまざまな理解やチャレンジを重ねていくような，遊びの中での学びの経験が重要であることが理解できるのではないだろうか．

　図 4.5 は認知能力（認知的スキル）と非認知能力（社会情動的スキル）は独立

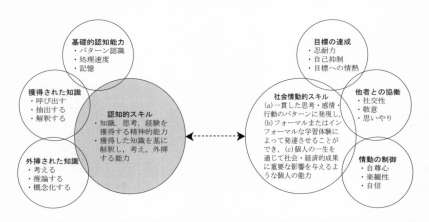

図 4.5　認知的スキル，社会情動的スキルのフレームワーク（池迫・宮本，2015; OECD, 2015）

に存在するのではなく，相互に影響をしあって発達していくことを示している．非認知能力はより具体的に**社会情動的スキル**と呼ばれることもある．生活の中で獲得可能な「スキル」として認識することは，保育者・教育者の立場として非常に重要である．

4.5　協同的な活動

4.5.1　協同的な活動とは

　環境を通して，遊びを中心にした教育が乳幼児期の保育・教育の基本である．しかし，子どもの主体性をもとにしながら，いかに子どもの学びを高めていくかというところが，遊びを中心にした教育のむずかしさでもある（かつそれが面白さと醍醐味でもある）．その援助の方向性の１つを示すものが**協同的な活動**である．協同的な活動とは「主に５歳児を対象として，幼児同士が，教師の援助の下で，共通の目的・挑戦的な課題など，一つの目標を作り出し，協力工夫して解決していく活動」（中教審答申，2005）である．近年，実践を紹介した本も増えている．たとえば，子どもたちが割りばしに毛糸をくくりつけた手づくりの釣り竿をもち海に出かけ，水に入れるなり流されてしまうところから，釣り竿づくりに取り組み，本当の魚を釣り上げるまでの活動など（大豆生田，2014），さまざまな園のわくわくするような魅力的な取り組みを知ることができる．

　協同的な活動の特徴としては，**エマージェント・カリキュラム**があげられる．あらかじめ計画をしたことを実践する形ではなく，子どもの興味・関心をとらえ，今後の展開を予測しながら，必要な環境や素材を準備し，発展的に計画していくカリキュラムである．このカリキュラムを実践するためには「対話」が重要である．保育者には子どもを注意深く観察し，言葉に耳を傾け，互いに意見を伝えあい，経験を共有することが求められる．保育・幼児教育では，時として子どもの注意をいかに惹きつけ集中させるかに注力しがちだが，協同的な活動においては逆の価値観を身につける必要がある．大人のアイデアに子どもの興味を惹きつけて集中させるための工夫をするのではなく，子どもの興味・関心を逃さないよう，子どもをよくみつめ，子どものつぶやきに耳を傾けることが保育者の役割である．保育者に子どもが集中し，保育者の声だけが響く保育室ではなく，子どものさまざまな発見や思いが響きあうような環境を思い浮かべてほしい．

　また「継続性への援助」も必要である．子どもが遊び込む経験と同時に，明日もやりたいと遊びを終え，登園したら昨日の続きをしたいと思えることが重要であり，そのためには保育者がさまざまな事象を関連づけたり，活動を持続してい

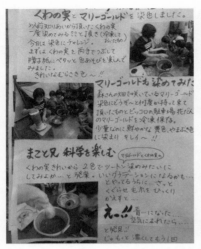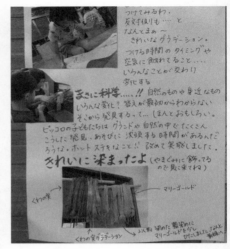

図4.6　草木染のドキュメンテーション

けるような援助が必要である．**ドキュメンテーション**や**ポートフォリオ**と呼ばれる，子どもの育ちや学びの記録を掲示しておくことで，活動のプロセスが「可視化」され，子どもたちの意欲の持続や遊びの広がり，アイデアの発展に貢献できるだろう（第3章参照）．図4.6は草木染の保育活動をまとめたドキュメンテーションである．おもに保護者に活動を伝えるために掲示されているが，子どもたちにとっても自分たちの活動を振り返り，次への意欲がわくきっかけとなるだろう．

　最後は，「環境の準備」である．協同的な活動では子どもや保育者がさかんに対話を重ね，アイデアを出しあい，次の展開を決定していく．また物との対話，すなわち子どもが周囲の多様な環境に気づき，かかわりを工夫し，ときには失敗を経験し，試行錯誤し，その中で仲間たちと話しあい，新たな環境に対する発見や知識を得ることも重要である．こういった豊かな経験を可能にするのは，保育者による子どもの行動や意図の予測とそれに基づく環境構成に他ならない．大人からみて，明らかに誤った方法や絶対に実現しないだろうと思われるようなことも子どもたちは思いつく．そうしたときに，子どもの思いつきをすぐに止めてしまうことは，子どもが自分の経験から学ぶ機会を奪ってしまうことになる．

　保育者と子どもの立場の違いを従来の系統的な教育のやり方と比較して，カッツ・チャード（2004）がまとめている（表4.1）．表中のプロジェクト・アプローチを協同的な活動に置き換えてみてもらいたい．知識も経験も勝る大人が一方的に教授するのではなく，子どもが決定し，ともに探究する保育者像がみえてくる

表 4.1　系統的な教育とプロジェクト・アプローチにおける差異

系統的な教育	プロジェクト・アプローチ
①先生は子どもがスキルを習得するように援助する.	①先生は子どもがスキルを適用できるようになる機会を提供する.
②外発的動機づけ：子どもは先生を喜ばせたり，報酬を得るという欲求によって動機づけられる.	②内発的動機づけ：子どもの興味やかかわりが努力と動機づけを促進する.
③先生が学習活動を選択し，適切な教授レベルの学習材料を提供する.	③子どもは先生から提案されたいろいろな活動のなかから選ぶ．つまり，子どもが挑戦するレベルを自分で決定する.
④先生はエキスパートであり，子どもの欠点を指摘する.	④子どもがエキスパートである．先生は子どもの上達を利用する.
⑤先生は子どもの学習や進歩度，達成度について説明責任がある.	⑤子どもと先生は，学習と達成度の説明責任を共有する.

出典：カッツ・チャード，2004.

のではないだろうか.

　なお5歳児保育において協同的な活動を行うためには，それ以前の時期に，一人一人が主体的に遊び，仲間とともに遊び，葛藤する経験を重ねていくことが必要になる．協同的な活動で得られる学びは，**アクティブ・ラーニングや主体的・対話的で深い学び**と呼ばれる学びを目指すものである．小学校における学級での集団活動の中で，先生や友だちと協力して生活したり学びあう姿につながっていくものである.

4.5.2　ウェブ

　協同的な活動を支える手法の1つに**ウェブ**がある．ウェブとは，思考整理のための手法である．図 4.7 はどんぐりについてのウェブである．このように言葉を網の目のように線で結んで関連を示していくものである．どのように活用するのかというと，たとえば話しあいの中で出てきたさまざまな意見を書き出し，関連するイメージとつなげていく．そうすることで情報が整理され，さらに発想を広げることができる．また，子どもの発想から広がりつながっていく活動の流れを整理するために活用することもできる．共通しているのは，活動のプロセスや議論といった，時の経過とともに流れて消えていってしまい，捉えづらいものを共有するために「可視化」するということである．可視化して整理することで，現在の状況の把握を行い，今後の展開を予測して，保育の計画や活動後の振り返りとして活用することもできる．保育計画や記録に使われることもあるが，大人に限らず子ども自身が書いてもよい．書かれたウェブは掲示し，活動の振り返りに使ったり，後に書き足したり，活動プロセスを子どもたちや保護者，担任以外の保育者たちに向けて知らせるために使うことができる.

演習 4.1

　「水」「ダンゴムシ」「忍者」「恐竜」など，子どもが関心をもちそうなテーマを１つ定め，紙の中央に書き，ウェブをつくってみよう．子どもたちの現在の興味・関心から今後の活動の展開を予測し，必要な環境や素材を準備し，発展させていくために活用する「計画」として書こう．ウェブの書き方は自由なのだが，ワークでは予想される子どもの活動や心の動きを丸の中に，材料や保育者の準備などは丸の外に書いてみよう．文字だけでなく，絵や写真などを使って表現するのもよい．自分がわくわくすることを考えたり，こんな子どももいるかもしれないと想像しながら取りくんでみよう．

　ウェブを書いたら次のことを確認してみよう．５領域(健康,人間関係,環境,言葉,表現)の観点からチェックしてみると，自分の発想が出やすい領域と，そうでない領域がとらえられる．書くのがむずかしい場合は領域を意識して考えるとアイデアを思い描きやすいだろう．保育雑誌やインターネットなどで情報収集して取り組んでも構わない．次に，色付きの筆記用具で，ウェブのまとまりの一部を囲み，オリジナルの「プロジェクト名」を書いてみよう．たとえば図 4.7 なら，左上あたりを中心に「どんぐり研究プロジェクト」，右上あたりは「どんぐり散歩プロジェクト」

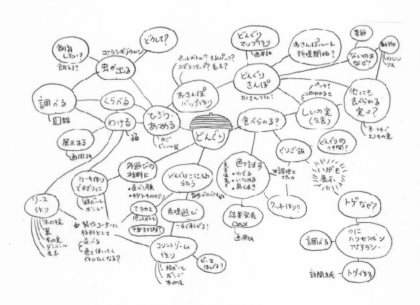

図 4.7　どんぐりについてのウェブ

と名づけられる．わくわくするような名前をつけることで，活動の方向性が定まり，
「今日も○○プロジェクトの続きをしよう！」と活動の継続性を助けることになる．

　以上のように，子どもに必要なことを教え込むのでも放っておくのでもなく，
子どもたちと対話しながらともに創造的な保育を探究していくことこそが，最も
楽しく，刺激的で，深い学びの冒険につながるだろう．

文　献

ベネッセ教育総合研究所：園での経験と幼児の成長に関する調査，2016

ロジェ・カイヨワ／多田道太郎・塚崎幹夫訳：遊びと人間，講談社学術文庫，1990

中央教育審議会答申：子どもを取り巻く環境の変化をふまえた今後の幼児教育の在り方につい
　　て，2005

チクセントミハイ／今村浩明訳：楽しみの社会学，新思索社，2001

ホイジンガ／高橋英夫訳：ホモ・ルーデンス，中央公論新社，1973

池迫浩子・宮本晃司：家庭，学校，地域社会における社会情動的スキルの育成－国際的エビデ
　　ンスのまとめと日本の教育実践・研究に対する示唆．OECD，ベネッセ教育総合研究所，
　　2015，http://www.oecd.org/education/ceri/FosteringSocialAndEmotionalSkillsJAPANE
　　SE.pdf

L. G. カッツ・S. C. チャード／小田豊監修・奥野正義訳：子どもの心といきいきとかかわりあう
　　－プロジェクト・アプローチ，光生館，2004

数井みゆき・遠藤利彦：アタッチメント，ミネルヴァ書房，2005.

数井みゆき・遠藤利彦：アタッチメントと臨床領域，ミネルヴァ書房，2007.

厚生労働省：保育所保育指針，2017

文部科学省：幼稚園教育要領，2018

OECD：Skills for Social Progress - The Power of Social and Emotional Skills, OECD Skills
　　Studies, OECD Publishing, Paris, 2015, http：//www. oecd-ilibrary. org/education/skills-
　　for-social-progress_9789264226159-en

大豆生田啓友：「子ども主体の協同的な学び」が生まれる保育（Gakken 保育 Books），学研教
　　育みらい，2014

杉原隆：園児の運動能力と運動指導ならびに性格との関係．体育の科学，60, 341-347, 2010

内田伸子・濱野隆：お茶の水女子大学グローバル COE プログラム格差センシティブな人間発
　　達科学の創成 2　世界の子育て格差－子どもの貧困は超えられるか，金子書房，2012

山田敏：遊び論研究－遊びを基盤とする幼児教育方法理論形成のための基礎的研究，風間書房，
　　1994

女の子で虫が好き，
男の子でピンクが好きでもいいよね？

　私が勤務している愛星幼稚園はキリスト教教会附属の幼稚園です．1学年30名定員の1クラス編成で，国籍の違う子ども・支援の必要な子どもも在園し，多様な友だちとかかわりあうことで，自分と友だちの違いを知り，受け入れ，育ちあう，小さな幼稚園です．

　愛星幼稚園の子どもたちは，呼吸することと同じ感覚で遊び，友だちや先生とかかわり，自分の周りに興味や関心を向け，キラキラした目で園生活を過ごしています．子どもたちの世界には，男女の性別の違いや国籍，障害の有無を含めて差別がありません．自分がみたもの，聞いたもの，かかわったものなどから情報を得て，その時々で感じたことや考えたことを先生や友だちに質問し，ともに考え，判断し，行動していくようになります．

　　Sくん（3歳児クラス男児）は，水色のドレスを着て，おままごとコーナーのドレッサーの前に座っています．おもちゃのお化粧道具でお化粧したり，おままごとで美味しいご飯をつくったり，とても楽しそうです．ドレスを着て，素敵な音楽に合わせてダンスパーティにも出かけます．初めてドレスを着たときは，恥ずかしいような，嬉しいような……言葉では表現するのがむずかしいのですが，満ちたりた表情をしていました．ドレスを着た自分を鏡でみてうっとりし，「きれいな自分」に満足しているような毎日です．

　幼稚園には綺麗なドレスを着て楽しむ男の子が毎年います．ドレスを着るまでには，ドレスを着て嬉しそうに振る舞っている女の子の周りをうろうろしてみたり，ハンガーに掛かっているドレスを触ってみたりと，その子どもなりの葛藤時期が存在します．男の子でもドレスを着たがる背景には，姉妹のいない兄弟構成，入園後に初めてドレスやスカートを実際にみて，触れて，「着てみたい！」という思いを抱くことがあるのではないかと考えます．こうした男の子をみつけると，保育者は「着てみたら？」と言葉をかけます．実際にドレスを着た友だちの姿に「僕も！」とドレスを着る男児が続くことも多いです．ときには，「男の子なのにドレス着ている」などと発言する子どももいますが，「男の子はドレス着ちゃだめなの？」と保育者が問いかけると，子どもは「だって，男だから」と返答し，それに保育者が「女の子もズボンはいているから，男の子もドレスとかスカート

をはいてもいいと思う」などの対話が発生していきます.

　　　Ｙちゃん（5歳児クラス女児）は，虫が大好き．ちょうちょうが飛んでくる季
　　節になると，虫取り網と虫かごをもって，男の子たちと一緒に，一日中虫探しを
　　楽しみます．クラスでカマキリを飼育し始めると，カマキリのご飯（エサ）を求
　　めて，バッタやトンボを探し，カマキリに食べさせます．園庭で大きなヒキガエ
　　ルをみつけると，抱っこしたり，足を拡げてみたり……生き物が大好きです．虫
　　が少ない季節になると，新聞紙で弓矢をつくって，鳩やすずめを捕まえる猟師に
　　なり，園庭を走り回ります.「焼き鳥にしてお母さんに食べさせる」と言っています.

　各家庭で「男の子だから」「女の子なのに」などと言われていると，子どもは
綺麗な物やかっこいいことを自由に選択し，遊ぶことに戸惑います．でも本当
はＳくんがドレスを着たいと思うように，子どもたちは綺麗なもの，かわいい
もの，格好いいものが大好きです．Ｙちゃんのように捕獲した虫を図鑑で調べ
たり，飼育して世話をしたり，生き物に興味をもち，探究し，大切にしたりします．
このように子どもたちは興味や関心に応じて，好きな遊びを楽しんでいます．
そこには「男の子だから……．女の子だから……」という区別はなく，気持ち
の赴くまま，遊びに没頭している姿があります．

　私は女性ですが，幼児期にはレンジャーごっこを楽しみ，虫を探し，自分を「僕
ちゃん」と呼んでいた子どもでし
た．大人になった今でも，虫を愛し，
子どもたちと虫探しを楽しむ毎日で
す．スカートやドレスに憧れる男の
子がいてもいいし，戦いや探検ごっ
こ，虫取りに魅力を感じる女の子が
いてもいいと思います．好きなこと
を存分に楽しんで満足すること，興
味をもち，探究する遊びに，性別に
よる区別はありません．子どもの興
味関心は，子どもにしかわからない
世界です．思う存分好きなものを楽
しめるのは，幼児期の特権ではない
でしょうか.

| 第5章 | 学習することで世界は変わるか？
－発達に応じた学習と思考・知能の発達－ |

演習 5.1

　「学習することで世界は変わるか？」という疑問について考えてみたい．本章を読み始める前に，「学習することで世界は変わるか？」という問いについて，変わると思うか，変わらないと思うか，自分の考えをまとめていただきたい．続いて，変わると思った場合はその根拠を具体例とともに示し，変わらないと思った場合はそう思った理由を記述しておいていただきたい．

　この章の最後に，「学習することで世界は変わるか？」という問いについての筆者の考えを述べる．筆者の考えが正解であるとは限らないが，読者自身の考えと比較，検討することで，発達に応じた学習と思考・知能の発達について深く理解し，教育に対する考えを深めていただくのが本章の目的である．

5.1　学習の理論

　学習と聞くと，何を思い浮かべるだろうか．テストのための勉強や，教科書に書いてあることを暗記することを思い浮かべるかもしれない．あるいは，「頭の良さやいわゆる知能というのは生まれつき」と学習の効果に対して否定的な考えをもつ人もいるかもしれない．逆に，学力というのは遺伝よりも環境，たとえば教育によって大きく変わるものだという信念をもっている人もいるかもしれない．

　本章では，学習の理論，学習と記憶，知能と学力，非定型発達といった4つのテーマに基づき，発達に応じた学習と思考・知能の発達について考えていきたい．

5.1.1　行動主義的な学習理論

　心理学は従来，目にみえない「心」ではなく，観察可能な「行動」を研究対象とすることを目的としていた．この考え方を，**行動主義**と呼ぶ．この行動主義に

基づいて考えると，学習とは，刺激を提示することにより，生物の反応が変化することであると考えられる．このような行動主義に基づく学習理論の中で代表的なものは，**古典的条件づけ**と，**道具的な条件づけ**である（第 8 章参照）．

　古典的条件づけで最も有名なものは，1903 年，イワン・パブロフによって，犬に餌を与える前にベルの音を鳴らすことで，次第にベルの音を聞くだけで唾液を分泌するという**条件反射**の研究である（Pavlov, 1927）．このような学習は，刺激に応答（respondent）するという**レスポンデント条件づけ**，あるいはパブロフ型条件づけとも呼ばれ，心理現象を，刺激（stimulus）と応答（respondent）との連合で説明することを試みる，行動主義的な学習理論である．

　オペラント条件づけとは，生活体の自発的行動を対象とした学習をさし（嶋崎，2019），道具的条件づけともいわれる．オペラント条件づけで有名な研究は，バラス・スキナーが考案した，スキナー箱と呼ばれる，スイッチを押すことでエサが出てくる箱を用意し，空腹のハトを中に入れて学習の様子を観察するものである．その過程で，偶然スイッチを押したらエサが出てきたという経験を何度もすることで，ハトがスイッチを押す頻度が増加することが発見された．つまり，スイッチを押すとエサが出てくることを学習したことで，ハトが自発的にスイッチを押すようになったと考えられる（Skinner, 1953）．

　行動主義的学習理論のオペラント条件づけを教育に応用している一例として，**プログラム学習**（programmed instruction）がある．プログラム学習の背景にある学習のデザインは，①スモールステップで難易度が増していくような学習教材における提示方法と反復，②各ステップを通過するためのテスト，③即時フィードバック（ほめる，ヒントを与える，正誤を伝える）などがあり，ドリル形式の教材や学習塾などで取り入れられている（嶋崎，2019）．なお，行動主義的学習理論に基づくプログラム学習は，2020 年度から小学校で導入された「プログラミング教育」とは異なる．小学校におけるプログラミング教育の近年の動向に関しては，遠山（2019, 2017）を参照されたい．

5.1.2　行動主義的学習観の問題点

　学習概念に対して科学的な根拠を与えることに貢献した行動主義であるが，大きく分けて 2 つの問題点があげられる．第一に，学習者を白紙とみなし，学習者に内在する既有知識の影響を考えない点である．実際には，人間の学習既有の知識に制約されている（西林，2005）．知識とは，人がさまざまな経験（学習）を通して獲得する，何かについての情報（たとえば，歴史の出来事や数学の公式

など），もしくは技能（たとえば，自転車の運転やスポーツなど）である（山縣，2019）．

　第二に，行動主義的学習観では，学習は報酬あるいは罰，フィードバックによるものと考え，学習者の知的探求による学習を考慮しない点である．学習における報酬は，負の効果をもたらす場合がある．幼児を対象とした実験では，報酬を与えると予告した後でお絵かきをさせて報酬を得た後は，1〜2週間後に行われた報酬なしの自由時間に自発的にお絵かきをする時間が短くなるという結果が得られた（Lepper et al., 1973）．つまり，報酬によって自発的な学習が阻害されてしまう可能性がある．たとえば，勉強をしたから，あるいは成績が上がったからお小遣いをあげるといった報酬を与えてしまうと，勉強をすることが本来もっている楽しさや知的好奇心が損なわれてしまい，自発的に勉強をする意欲が低下してしまうことが考えられるのである．

　優勢であった行動主義的学習理論に対して，1950年代後半になると，アルバート・バンデューラは，**社会的学習理論**を提唱した．社会的学習理論とは，学習者が自分で物事を直接経験しなくても，他者の行動を観察するだけで学習が成立すると考える（Bandura, 1962; 1977）．社会的学習とは，特定の文化や環境に所属する個体が，他個体の影響を受けて，その文化や環境の中で適切とされる習慣や価値観，行動などを学習することであり，その基礎には他者の行動を観察して真似をすることで学ぶ**模倣学習（モデリング）**がある（第3章，第8章参照）．

　社会的学習理論は，行動主義的学習理論で考えられた刺激と反応のみに限定された理論ではなく，認知過程を重視した学習過程を考慮に入れている．学習過程を単に刺激と反応の連合としてとらえるのではなく，学習時の心理的なプロセスに焦点を当てて学習活動をとらえている．このように学習する心理的な構造やメカニズムを考え，人間の知的活動に注目している学習を**認知学習**と呼ぶ．

5.1.3　技能学習

　技能学習とは，知覚系（環境情報の認知）と運動系（中枢からの骨格筋のコントロール）を協応させる学習であり，知覚－運動学習とも呼ばれる（楠見，2019）．たとえば，運動技能などにおいて，未熟な動きだったものがだんだんと熟練したものへとなっていくことをさす．スポーツの練習をしたり，自転車に乗ったり，楽器を弾いたりすることもこれに含まれる．

　技能学習における練習は，ただ繰り返したり時間をかけるだけではなく，目的意識に基づいたよく考えられた練習を行うことが重要である（Ericsson & Pool,

2016）．そのために長期的計画に基づく明確な目標をもった練習が重要であり，指導者あるいは学習者は，長期的目標を決めてから，それにつながる技能を分割して，1つずつ達成していく計画をプランニングする（楠見，2019）．

5.1.4　発見学習

発見学習とは，何らかの問いや経験をもとに学ぼうとする概念を「発見」するよう，学習者を方向づけていく教授学習法のことである（金田，2019）．発見学習を提唱したブルーナーは，発見を重視する教授学習法の利点として，学習者の潜在的能力や**内発的動機づけ**（第6章，第8章参照）を高めるという点をあげ，発見学習を通して獲得した知識は，本人のその後の歩みに役立つと論じている（Bruner, 1961）．その一方で，**有意味学習**を提唱したオーズベルは，発見学習を批判している．有意味学習では，新しいことを学ばせる際に知識の枠組みを提供する先行オーガナイザの考え方を重視する．先行オーガナイザとは，たとえば，古典の物語を読解する前に，その作品が書かれた時代背景をあらかじめ説明することなどが例としてあげられる．オーズベルは，発見学習は適切なときと場所，明確な目的のもとでは有益であるが，教育の役割は教授者が学習者の将来を見据え，重要な知識を選定し，有意味かつ効果的に学べるよう，環境を整えることであると主張している（Ausubel, 1961）．

発見学習や関連した**探究学習**（学習者の主体的な活動を重視する，探究に基づく学習法）は学習者の主体的な活動を重視するという点が特徴であるが，学習者の主体的な活動を重視する分だけ教授者の指導する量を減らすことになる（金田，2017）．提示する情報の量を減らし，知識の全体でなく一部を与える教授法が人間の表象形成能力の発達をもたらす実証的証拠はないとする意見もあり（Kirschner et al., 2006），そもそも知識というものは，明示的な指導がなく発見的に獲得できる性質のものではないという指摘もなされている（Sweller et al., 2007）．

5.2　学習と記憶

私たちは漢字や英単語などを学習して，学習したものを記憶する必要がある．記憶には，学習する段階である「記銘」（符号化，覚える），学習したものを忘れないで覚えておく「保持」（貯蔵，頭の中に情報を保つ），テストの際などに記憶の中身を照合する「想起」（検索，思い出す）といった3つの段階がある．記憶について検討するうえで，以下に示すアトキンソンとシフリンによる**二重貯蔵モ**

デルが有益である（Atkinson & Shiffrin, 1968:1971）．私たちが外界からの入力を受け取り，ある情報に注意を向けることでフィルターを通過し短期貯蔵庫に送られる．これを**短期記憶**と呼ぶ．リハーサルをすること（繰り返し口に出したり，紙に書いたりすること）で短期貯蔵庫から長期貯蔵庫に転送される．これを**長期記憶**と呼ぶ．

　学習の一般的な定義は，「経験の結果生じる比較的永続的な行動の変容」（八木，1952）である．学習とは材料のインプットであるというよりも，アウトプット（つまり，想起）において生じると考えられている．想起させる手続きの中で代表的なものがテストであることから，想起の学習促進効果は「テスト効果」（testing effect）と呼ばれている（Roediger & Karpicke, 2006）．ローディガーは，約 270 語のテキストを用い，1 回 5 分の熟読を 4 回繰り返す条件（SSSS, S は Study），3 回の熟読と 1 回の想起（テスト）を組み合わせる条件（SSST, T は Test），1 回だけの熟読と 3 回の想起を組み合わせる条件（STTT）を設定した．学習が記銘だけで成立するなら SSSS 条件が最も成績が良いと予測できるが，1 週間後，想起を多く実施した STTT 条件の成績が最も高かった．このことから，テストを自分で作成して行う，あるいはテストを繰り返し受験することによって，学習材料を効果的に記憶することができると考えられる（Roediger & Karpicke, 2006; 多鹿，2008）．

5.2.1　学習の評価

　学習の評価を考える際には，その評価がいかに学習を促進するかを考える必要がある．知識を問う問題の評価を客観的に行うことはむずかしくないが，**協調学習**（たとえば，三宅（2016）を参照）や**アクティブラーニング**（たとえば，小針（2018）を参照）あるいは**主体的・対話的で深い学び**（たとえば，奈須（2017）を参照）を行う際の評価について本節では検討する．

　対話的な学びの評価は，記憶できたか，すなわち，子どもたちの頭の中に正解が入ったかどうかではなく，一人一人の子どもが主体的に対話を通して自らの学びを深めたかを確かめるものであると考えられる（白水，2020）．教師が生徒に答えられるようになってほしい問いへの答えが，授業の前と後でどのように変化したかを分析した研究がある（三宅，2011）．中学 2 年生理科「消化と吸収」の単元の授業において，教師が期待していた解答の要素は，以下の通りであった．目的は，「小腸で栄養素が吸収されること」，機能は「大きすぎるデンプンを小腸で吸収可能な大きさのブドウ糖にまで小さくする必要があること」，機能の実現

方法は，「歯による咀嚼や消化液，酵素による分解」であった．授業前後の記述を比較した結果，授業前には上記3つの要素すべてを記述した生徒は誰もいなかったが，授業後は7名中5名に増加し，「機能」については，7名全員が「大きすぎるデンプンを吸収可能な小さいブドウ糖に変える」という表現ができるようになった（三宅，2011; 白水，2020）．

5.2.2　学習者中心の評価

　近年，**機械学習**の手法を取り入れることでビッグデータの解析を行うことが可能になり，人間の思考を模した **AI**（Artificial Intelligence, 人工知能）の研究が大いに進展した（たとえば，松尾，2015）．こうした流れは教育にも影響を与え，学習者中心の評価としてラーニングアナリティクス（学習分析学）が注目されている．ラーニングアナリティクスとは，学習者の過去の学習結果を，一言一句，1つ1つの行動をとらえて分析することで，よりより学びを支援する方法である（望月，2019）．学習ログを分析することで，現在の学習において躓いている部分が，過去のどの学習が原因となっているかを検討したり，学習履歴を追跡することで，小学校，中学校，高等学校，大学とサステイナブルな接続が可能になると考えられる．

　学習者中心の評価として，授業の過程で児童や生徒が発した質問が，理解の指標として重要な意義をもつと考えられる（三宅・大島・益川，2014）．理解するということは理解できたことと理解できていないことを認識することであり，質問をすることは，今後はどのようなことを学習するかといった新たな課題を創造することにつながるからである．そこで，授業内および家庭学習で生み出された質問の学習ログを分析することで，理解がどのように深まったか，その質問が他の児童，生徒にどのように影響を与えたかを検討することが，今後重要になると考えられる．

5.3　知能と学力

　これまでは，学習や記憶について紹介してきたが，ここでは知能と学力について検討する．読み書きや算数の遺伝率（すべての個人差に占める遺伝の影響の割合）は一般知能の遺伝率よりも高いことが示されている（本章コラム参照）．知能の中の遺伝的要因を検討すると，論理的推論能力と空間性知能は70%近くが遺伝で決まるのに対し，言語性知能は15%程度しか遺伝で決まらない（安藤，2011）．

5.3.1　知能の発達

　語彙の発達についても，言語性知能と同様に遺伝率は相対的に低く，遺伝要因は 2 歳児で 20%，3 歳児で 12% を説明するのみであった（Dionne et al., 2003）。しかし，移民の子どもたちなど語彙が少ないグループに限定すると，遺伝率は高くなり，2 歳児の下位 10% で遺伝率は 24%，下位 5% では 32% に上がる（Bishop et al., 2003）。

　身体的特徴ほどではないが，知的能力や性格にも遺伝の影響は大きい。しかし，空間性知能に比べて，言語性知能への遺伝の影響は相対的に小さく，環境要因の貢献が大きいことがわかっている（安藤，2011）。したがって，国語や外国語など言語の学習に関してはとくに，児童および生徒に対して適切な教育を与えることがより重要であると考えられる。

5.3.2　思考の発達

　ピアジェは，人の認知の発達をシェマまたは操作の発達ととらえ，それらの構造の違いによって「感覚運動期」，「前操作期」，「具体的操作期」，「形式的操作期」に至る過程を 4 つの段階に分けた（波多野，1966; ピアジェ，1998）。感覚運動期は出生時から 2 歳頃にみられ，物の永続性の理解や試行錯誤的な問題解決が可能になる時期である。前操作期は 2 歳から 7 歳頃にみられ，具体的操作期は 7 歳から 11 歳頃にみられる。記憶との関連では，5 歳頃から記憶方略が発達し，覚えるためのリハーサル（覚えるために繰り返すこと）ができるようになる。前操作期と具体的操作期の違いは，思考が知覚に影響されず，具体的事物に基づき論理的に物事を推理・説明できる点である。形式的操作期は 11 歳頃からみられ，論理的思考のほかに，抽象的思考ができるようになる。

5.4　非定型発達

　非定型発達（atypical development）とは，脳神経の発達が定型的ではないという意味で，発達障害（developmental disorder），診断名としては 2013 年 5 月のアメリカ精神医学会（American Psychiatric Association）の診断マニュアルに従い神経発達症（neurodevelopmental disorder）と呼ばれる。

5.4.1　発達障害

　発達障害は，**自閉スペクトラム症**（ASD），**注意欠如・多動症**（ADHD），**学**

習障害（LD）などが含まれるが，ここでは ASD について記述する．ASD（Autism Spectrum Disorder）とは，社会性およびコミュニケーションの困難さ（たとえば，暗黙の了解がわからなかったり，アイコンタクトが苦手など），行動や思考に過度に強いこだわり（たとえば，物事の順序やルールにこだわり，予定の変更を受け入れることができないなど）によって診断される発達障害である．2013 年 4 月まではアスペルガー障害という診断名があったが，2013 年 5 月からアスペルガー障害という診断は消え，自閉スペクトラム症（ASD）と診断されることになった．知的能力が定型発達と同程度の ASD 者であっても，言語がもつ含意を読み取るのが苦手なことが多く，文字通りでない言葉，つまり，皮肉や比喩，冗談，嫌味などの理解に困難を示すことが多くの研究から報告されている（バロン・コーエン，2011; フリス，2009; 松井，2013; Ozonoff & Miller, 1996）．

　発達障害として診断をすることは，その障害をもつ子どもが抱えている困難と能力を正確にとらえることによって，その子どもが自ら発達していくための効果的な支援を計画し，実行するための手がかりを得るために必要である（郷式，2005）．つまり，診断名をつけることでレッテルを貼るのではなく，他者からの理解を得ることを目的とし，発達障害をもつ方々に適した教育環境を提供するために診断がなされるべきである．さらには，発達障害をもつ方が，自分自身のことを深く知るためにも診断が必要であるといえる（綾屋・熊谷，2010）．

5.4.2　特別支援教育

　私たちは，誰でも得意なことと苦手なことをもっている．人前で即興で意見を話すことが得意な人もいれば，時間をかけて自分の考えを文章で伝えることが得意な人もいる．その場合，人前で発言できる人のほうが，自分の考えをまとめるのに時間をかける人よりも優れているということはない．同様に，自分の考えを文章で書ける人のほうが，皆から注目を浴びている状況で話すことができる人よりも優れているということはない．それは，各人がもつ個人差，すなわち個性と呼ばれるものにすぎない．

　発達障害の場合にも，似たことがいえる．空気を読むことが得意な人のほうが，決まった手順にこだわりルールを厳格に守ることを好む人よりも優れているということはない．重要なのは，他の人の心を読むことが得意で教えてもらわなくてもできる人もいれば，時間をかけて教えてもらうことによってできるようになる人もいるということを理解し，人間の多様性を受け入れることである．特別支援教育で重要なのは，発達障害をもつ人の苦手なことだけでなく得意なことを

見出すことによって，発達障害をもつ人の自尊心を高める支援を考えることである（別府，2009; 別府・小島，2010）．

5.5　おわりに－学習することで世界は変わるか？－

　最後に，「学習することで世界は変わるか？」という表題の問いに現時点での筆者なりの考えを呈示したい．学習をするということは，今まで自分の知らなかったことを，他者の思考や行動から学び，自分の考えを広げ，価値観を再構成することであると考えられる．そのため，自分と異なった考え方や行動様式をもつ人から学ぶことによって，少なくとも自分の世界は変わると考えられる．過去に書かれたテキストから学ぶ際には，そのテキストを書いた人の世界を変えることはできないが，自分の目の前にいる人から学習する場合は，自分だけでなくその人の世界も変わるだろう．たとえば，授業場面で教員から直接学ぶことによって，児童・生徒の世界が変わるのに伴い，教員の世界も変わることが考えられる．このように，教員が児童・生徒の世界を変えて可能性を広げ，児童・生徒の広がった世界から教員の世界が変わり，新たな視点をもつようになるという双方向性をもった教育が理想的であると考える．他者から直接教わることによって，教わった人の世界だけでなく，教えた人の世界もポジティブに変化するのである．

文　　献

安藤寿康：遺伝マインド－遺伝子が織り成す行動と文化，有斐閣，2011

American Psychiatric Association：*Diagnostic and Statistical Manual of Mental Disorders,* 5th ed.（高橋三郎・大野裕監訳：DSM-5 －精神疾患の診断・統計マニュアル，医学書院，2014）

Atkinson, R. C., Herrmann, D. J. & Wescourt, K. T. 1974, Search processes in recognition memory. In R. L. Solso（Ed.）：*Theories in Cognitive Psychology,* Winston, 2013

Atkinson, R. C. & Shiffrin, R, M.：The control of short - term memory, *Scientific American,* **225**, 82-90, 1971

Atkinson, R. C. & Shiffrin, R, M.：Human memory：A proposed system and its control processes. In K. W. Spence & J. T. Spence（eds.）：*The Psychology of Learning and Motivation,* Vol. 2, Academic Press, 1968

Ausubel, D. P.：Learning by discovery：Rationale and mystique. *Bulletin of the National Association of Secondary School Principals,* **45**, 18-58, 1961

綾屋紗月・熊谷晋一郎：つながりの作法－同じでもなく違うでもなく，NHK 出版，2010

Bandura, A.：*Social Learning through Imitation,* University of Nebraska Press：Lincoln, NE, 1962

Bandura, A.：*Social Learning Theory,* Prentice Hall, 1977

バロン・コーエン，S／水野薫・鳥居深雪・岡田智訳：自閉症スペクトラム入門－脳・心理から教育・治療までの最新知識，中央法規，2011

別府哲：自閉症児者の発達と生活共感的自己肯定感を育むために，全障研出版部，2009

別府哲・小島道生：「自尊心」を大切にした高機能自閉症の理解と支援，有斐閣選書，2010

Bishop, D., Price, T., Dale, P. & Plomin, R.：Outcomes of early language delay：II：Etiology of transient and persistent language difficulties. *Journal of Speech, Language, and Hearing Research,* **46**, 561-575, 2003

Bruner, J. S.：The act of discovery. *Harvard Educational Review,* **31**, 21-32, 1961

Dionne, G., Dale, P. S., Boivin, M. & Plomin, R.：Genetic evidence for bidirectional effects of early lexical and grammatical development. *Child Development,* **74**, 394-412, 2003

Ericsson, A. & Pool, R.：Peak：*Secrets from the New Science of Expertise,* Houghton Mifflin Harcourt, 2016（土方奈美訳：超一流になるのは才能か努力か？　文藝春秋，2016）

フリス，U.／冨田真紀・清水康夫・鈴木玲子訳：新訂自閉症の謎を解き明かす，東京書籍，2009

郷式徹：診断－発達障害の発見．子安増生編著：よくわかる認知発達とその支援，ミネルヴァ書房，2005

波多野完治：ピアジェの児童心理学，国土社，1966

金田茂裕：探究先行の教授学習法－教育心理学の研究概観．教育学論究，**11**, 27-36, 2019

金田茂裕：教授者の探究期待バイアス．教育心理学研究，**65**, 388-400, 2017

Kirschner, P. A., Sweller, J. & Clark, R. E.：Why minimal guidance during instruction does not work：An analysis of the failure of constructivist, discovery, problem-based, experiential, and inquiry-based teaching. *Educational Psychologist,* **41**, 75-86, 2006

小針誠：アクティブラーニング－学校教育の理想と現実，講談社，2018

楠見孝：技能学習と熟達化，楠見孝編，公認心理師の基礎と実践⑧－学習・言語心理学，遠見書房，2019

Lepper, M. R., Greene, D. & Nisbett, R. E.：Undermining children's intrinsic interest with extrinsic rewards：A test of the overjustification hypothesis. *Journal of Personality and Social Psychology,* **28**, 129-137, 1973

松井智子：子どものうそ，大人の皮肉－ことばのオモテとウラがわかるには，岩波書店，2013

松尾豊：人工知能は人間を超えるか－ディープラーニングの先にあるもの，KADOKAWA／中経出版，2015

三宅なほみ：「協調学習」の考え方．三宅なほみ・東京大学CoREF・河合塾編：協調学習とは対話を通して理解を深めるアクティブラーニング型授業，北大路書房，2016

三宅なほみ：概念変化のための協調過程－教室で学習者同士が話し合うことの意味．心理学評論，**54**, 328-341, 2011

三宅なほみ・大島純・益川弘如：学習科学の起源と展開．科学教育研究，**38**, 43-53, 2014

望月俊男：新しい学びの評価手法と考え方．大島純・千代西尾祐司編：主体的・対話的で深い学びに導く学習科学ガイドブック，北大路書房，2019

奈須正裕：「資質・能力」と学びのメカニズム，東洋館出版社，2017

西林克彦：わかったつもり－読解力がつかない本当の原因，光文社，2005

Ozonoff, S. & Miller, J.：An exploration of right-hemisphere contributions to the pragmatic impairments of autism. *Brain and Language,* **52**, 411-434, 1996

Pavlov, I. P.：Conditioned reflexes - an investigation of the physiological activity of the cerebral cortex. Oxford University Press, 1927

Piaget, J.：*La Psychologie de l'intelligence*, 1967（ジャン・ピアジェ／波多野完治・滝沢武久訳：知能の心理学（新装版），みすず書房，1998）

Roediger, H. L., III, & Karpicke, J. D.：Test enhanced learning - Taking memory tests improves long-term retention. *Psychological Science,* **17**, 249-255, 2006

Seligman, M. E. & Maier, S. F.：Failure to escape traumatic shock. *Journal of Experimental Psychology,* **74**, 1-9, 1967

Skinner, B. F.：*Science and Human Behavior*, Macmillan, 1953

嶋崎恒雄：学習の基礎，楠見孝編：公認心理師の基礎と実践⑧－学習・言語心理学．遠見書房，2019

白水始：「対話力」－仲間との対話から学ぶ授業をデザインする！　東洋館出版社，2020

Sweller, J., Kirschner, P. A. & Clark, R. E.：Why minimally guided teaching techniques do not work：A reply to commentaries. *Educational Psychcologist,* **42**, 115-121, 2007

多鹿秀継：テストが学習材料の長期の記憶成績に及ぼす影響,神戸親和女子大学大学院研究紀要，**4**, 57-65, 2008

遠山紗矢香：学習と問題解決－日々の経験から何を学ぶのか，郷式徹・西垣順子編：公認心理師の基本を学ぶテキスト⑧　学習・言語心理学－支援のために知る「行動の変化」と「言葉の習得」，ミネルヴァ書房，2019

遠山紗矢香：プログラミング教育の動向．国立教育政策研究所ICTリテラシーと資質・能力，pp. 52-70, 2017

八木冕：学習の基礎的事実．八木冕・梅岡義貴・前田嘉明編：学習の心理（現代の心理学〈第3〉），金子書房，1952

山縣宏美：知識・概念の獲得と変容－人はどのように世界を知るようになるのか．郷式徹・西垣順子編：公認心理師の基本を学ぶテキスト⑧　学習・言語心理学：支援のために知る「行動の変化」と「言葉の習得」，ミネルヴァ書房，2019

勉強ができないのは遺伝？
それとも環境？

　学校の勉強の出来不出来の個人差には，遺伝と環境の両方の影響があります．「学業成績には遺伝の影響が（部分的に）ある」と聞くと，みなさんはそれに特段の不思議はないと感じるでしょうか．それとも，教育は環境なのだからそんなはずはないと感じるでしょうか．

　行動遺伝学（双子やその家族・親類を対象とする調査・観察から遺伝と環境の総体的な影響について量的な分析を行う学問）の知見から，学業成績に遺伝の影響があることは明らかです．たとえば，英国の小学生のデータは，読み書きや算数の得点のほうが一般知能（いわゆる IQ）よりも相対的に遺伝の影響が強いことを示しています．具体的には，読み書きや算数の遺伝率（すべての個人差に占める遺伝の影響の割合）は約 70% であったのに対して，一般知能の遺伝率は約 40% でした．さらに興味深いことに，こういった学校における勉強の出来不出来に関与する遺伝の影響は一般知能によっても部分的に説明されるものの，非認知能力（この研究では，個人のパーソナリティ特性，自己効力感，主観的幸福感など 9 つの指標でした）も一般知能と同等以上の説明力をもつことが示されています．これは学習成果が一概に知能（の遺伝的な影響）によってのみ左右されるわけではないことの証左ともいえそうです．

　環境の効果ももちろん重要です．学校で勉強をすること自体は環境の一種だと考えて差し支えないかもしれません．しかし，この環境についても行動遺伝学の観点から 4 つのことをお伝えする必要があります．1 つめは，環境の効果とりわけ非共有環境（DNA を 100% 共有しているはずの一卵性双生児であっても全く同じにはならない，個人に対して個別に働く環境のこと）は時点特異的であるということです．環境はその場限りにおいてはパフォーマンスに影響を与えるかもしれませんが，その持続的な影響は薄いのです．2 つめは，共有環境（きょうだいや家族を類似させるような環境）の効果は体系立ってはほとんどみつかっていません．行動遺伝学の知見に基づけば，児童・生徒たちの個性を一律に伸ばすような“教科書的な”環境は存在しません．3 つめは（これはかなり際どいのですが），学校教育が全体としてしっかりと機能するとかえって，それぞれの児童・生徒の遺伝的資質の個人間差を増幅させるかもしれないという点です．学校教育がある

一部の児童・生徒にしか与えられない場合，その教育を享受したか否かという環境によって学業成果の個人差は説明され得ますが，教育がすべての児童・生徒に対して行われた場合，そのときにみえてくる個人間差は遺伝的な差異であり，裏を返すと，万全たる教育（環境）は遺伝の影響を詳らかにする可能性があるということになります（安藤，2018）．4つめは遺伝－環境交互作用の存在です．先述の通り，学業成績の個人差は一般知能によってそれなりに説明されますが，その一般知能の個人差は社会経済的地位（SES）の高い家庭においては遺伝の影響のほうが強く，SESの低い家庭においては共有環境の影響が出やすいという研究結果があります．これは，SESが低い家庭の子どもほど親の養育態度や自宅環境などが知的な能力に影響を与える割合が大きいことを示唆しています．

　学校場面で評価されるような学習成果の個人差に部分的に遺伝の影響があったからといって，それは悲観するような事態ではありませんし（自然科学的にはむしろ当たり前のことだと思いませんか），全体的な教育政策に対して影響を与えることもありません．そして，学校の勉強の出来不出来の個人差に遺伝の影響があるということがすなわち，環境が無意味であるということにもなりませんし，学校で勉強することには価値がないと考えるのも暴論です．さまざまな遺伝的資質を有する個人が，さまざまな方法で，その人それぞれに多様な価値観や知識を用いることによって，その社会的な集団の中で他者とともによりよく生きるため，学校における勉強はその土台を築くために重要な環境となっているはずです．そのうえで，私たちの生きる現代社会は学校の勉強だけにしばられない多数の評価軸を用意しておく必要があります．遺伝の影響をふまえてみる環境の重要性を理解し，それを社会的な制度や仕組みとして適切にデザインするためにはどのようにしたらよいか，みなさんで議論してみてください．

文　献

安藤寿康：なぜヒトは学ぶのか－教育を生物学的に考える，講談社現代新書，2018

第6章　「やる気」を引き出す魔法
ー動機づけがもたらすものー

演習 6.1　あなたにとっての「やる気」とは
　あなたは普段の生活でどのように自分のやる気を高めているだろうか．また，やる気が出ないと感じるのはどのようなときだろうか．活動内容や状況に応じていくつか思い浮かべて紙に書き出してみよう．

6.1　子どもの育ちに大切な動機づけとは？

6.1.1　そもそも動機づけとは何か？

　「やる気」という言葉を聞いてみなさんはどのようなことをイメージするだろうか．やる気のある・なしは行動をするかしないかであると考える人も多いかもしれない．心理学ではやる気や意欲のことを**動機づけ**といい，「目標に向けて，行動が生起され，維持され，方向づけられ，終結する現象」と定義される．つまり，行動を起こすことだけでなく，その行動をし続けて，より適切な行動へと調節し，行動を終えるまでの一連のプロセスを扱う．

　動機づけには量的側面と質的側面の2つの側面がある（Reeve, 2014）．量的側面は行動を活性化するためのエネルギーのような役割をもつ側面であり，行動の頻度や持続時間として現れる．一般的に認識されている「やる気」のイメージに近いものといえるかもしれない．一方，質的側面は何を目指してその行動をしているのかという行動の意味内容を表す側面である．行動をする理由や目的といい換えることができる．

　また，動機づけには3つの水準が想定されている（速水, 1998）．1つめは特性レベルで，個人がもつ一般的な傾向性である．何事にも興味を示す好奇心旺盛な人もいれば，一部のことにだけ強い興味を示して他のことには無関心な人もいるように，その人のパーソナリティとして機能する水準といえる．2つめは領域レベルである．これは，算数の勉強は大好きだが，国語の勉強は嫌いといったよ

うに，行動の内容に応じて変化する水準をさす．3つめは状態レベルである．今
この本を読んでいる間にも，とくに集中して読めている時間もあれば，本の内容
とは関係ないことを考えてしまう時間もあるのではないだろうか．このように，
時間経過とともに刻一刻と変化する水準である．

　さらに，動機づけには認知・感情・欲求・環境の4つの要因がかかわっている
とされる（鹿毛，2004）．認知には行動そのものや，行動がもたらす結果につい
ての信念や判断などが含まれる．感情は快を得られるものには接近し，不快を感
じるものは回避するという原理が関係している．欲求には食欲などの生理的欲求
だけでなく，自己の可能性を引き出したいという自己実現欲求や，周りからよく
思われたいという社会的欲求などの心理的欲求も含まれる．認知・感情・欲求の
3つは個人内の要因といえるが，もう1つ，個人外の要因として環境がある．こ
れには，物理的環境だけでなく，他者とのかかわりやルール，規範なども含まれる．

　このように，動機づけについて考える際には2つの側面，3つの水準，4つの
要因を考慮する必要がある．「やる気」というものは実は複雑で，奥が深い現象
であるといえよう．この章では，数多くある動機づけ理論のうち，代表的なもの
をいくつか取り上げて説明していく．

6.1.2　子どもの育ちと動機づけ

　子どもは学校や家庭において，実に多くのことを学習しながら育つ．こうした
日常のさまざまな学習がうまくいくかどうかにも動機づけが大きくかかわってい
る．学習場面では動機づけの質的側面がとくに重要になってくる．たとえば，同
じテストで100点を取れたという結果でも，親に怒られたくないからという理由
で前日に丸暗記をして乗り切ってしまった子と，勉強することが好きで日頃から
内容を理解できるまで時間をかけて勉強してきた子とでは，テストの点数には表
れない差があるといえるだろう．このように，動機づけの質に着目することで，
子どもの学習行動が適応的かどうかをより深く理解することができるのである．

　また，大人と比べて自由に環境をコントロールすることができない子どもに
とって，環境要因としての教師や養育者の影響は大きいといえる．子どもの学習
とのかかわり方によっては，子どもの動機づけを低下させてしまったり，不適応
的な学習行動を動機づけてしまったりする可能性がある．そうならないためにも，
まずは教員や養育者が動機づけについての正しい知識を身につけることが必要と
なる．子どもの学習にとって質の高い動機づけは何か，子どもにとっての環境要
因として自分がどのように子どもの学習にかかわることができるかを意識しなが

らこの章を読み進めていただきたい.

6.2 期待・価値と動機づけ

6.2.1 期待×価値理論

　人はある活動や課題そのもの，あるいは活動や課題達成の結果に対して，高い期待や価値を抱くほど，その活動や課題をより適応的に行うようになる．期待と価値に関する代表的な理論の1つに**期待×価値理論**がある（Atkinson, 1957）．ここでの期待とは，成功の可能性についての主観的な認知をさす．何かをしようとするときに「きっとうまくいくだろう」と考えられるときは挑戦する意欲が起こりやすいはずである．反対に，「うまくいくはずがない」と考えていることにはすすんで挑戦しようとは思わないだろう．このように成功の確率である期待が高いほど，その活動に対する動機づけは高くなるといえる.

　一方，ここでの価値は活動自体や活動の結果として得られるものに対してどのくらい主観的な魅力や望ましさを認知しているかをさす．活動によって自分の成長につながったり，周りから評価されたり，報酬を得られたりするほどその活動に対する動機づけは高くなり，そうでなければ動機づけは生じにくい．また，マイナスの価値も想定することができる．活動が成長の妨げになったり，周りからの悪い評価や罰につながったりする場合である．マイナスの価値が高い場合は，その活動を避けるための動機づけが高くなる.

　期待×価値理論のポイントは，期待と価値それぞれの動機づけ効果を別々に考えるのではなく，掛け算で考えることにある（図6.1）．具体例でみてみよう．Aさんの現時点での学力からすると合格率が80%ある志望校Aと，合格率が30%しかない志望校Bがあるとする．ただし，Aさんが一番やりたいことができるのは志望校Bである．最終的にAさんは志望校Bを目指して勉強に励むという選択をした．この例での期待は合格率となり，価値はやりたいことができるかどうかとなる．このように，いくらうまくいくという期待が高くても，その価値が

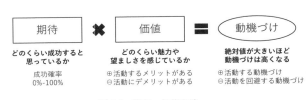

図6.1　期待×価値理論

低ければ動機づけは高くならない．逆に，期待が多少低くても，高い価値を置いている場合には動機づけが高くなることもある．

6.2.2　期待と価値の細分類

期待と価値にはそれぞれさらに細かい分類が提案されている．期待については効力期待と結果期待の区別がある（Bandura, 1977）．効力期待とは，自分が特定の行動をうまく遂行できるという自信のことで，**自己効力感**ともいう．結果期待とは，行動によって特定の結果を得られるだろうという予測のことで，随伴性の認知ともいう．効力期待は行動を起こすことにつながり，結果期待は行動を結果に結びつけることにつながると理解できる．たとえば，子どもが逆上がりをできるようになるまで適応的に練習を続けるためには，自分は毎日逆上がりの練習を続けることができるという効力期待と，この練習を毎日続ければ逆上がりができるようになるだろうという結果期待の両方が必要になる．もし効力期待が低ければ，毎日の練習を続けることはむずかしくなり，結果期待が低ければ，その練習を続けていても逆上がりができるようにはなりにくいだろう．

価値については達成価値・内発的価値・実用価値・コストの 4 つの区別がある（Eccles & Wigfield, 2002）．達成価値は課題をうまくやることに対する重要性，とりわけアイデンティティや自己像にとっての重要性をさす．すなわち，その課題をうまくやることが自分らしさの獲得や表現につながるほど達成価値は高くなる．内発的価値は活動することで得られる楽しさや，対象に対してもっている主観的な興味をさす．実用価値は課題が現在の目標や将来の目標とどれだけ関係しているかをさす．コストは課題に伴うマイナスの価値といえるもので，成功や失敗に対する不安や恐怖，成功に必要な努力の量，別の選択をできなくなることによる機会の損失などをさす．達成価値，内発的価値，実用価値を高く感じているほどその課題に取り組むことを選択しやすくなり，コストが高く感じているほどその課題を避けやすくなる．

6.3　興味と動機づけ

6.3.1　興味

興味は質の高い動機づけを生み出す源泉ともいえる心理状態の 1 つである．興味には大きく特性興味と状態興味の 2 つがある（Krapp et al., 1992）．特性興味とは，特定の領域に対する興味の傾向性のことで，個人の安定的な特性である．

図 6.2 興味と動機づけの関係

どのようなことに興味をもちやすいかという興味の個人差ととらえることができる．状態興味とは，特定の場面で活性化される一時的な心理状態である．状態興味が高いと楽しさや集中の感覚が伴って，とくに努力をしなくても対象に持続的な注意が向けられるようになる．

　状態興味が高くなると動機づけが向上する．そして，状態興味は特性興味と状況要因によって高められる（図6.2）．状況要因には，対象がもたらす新奇さや複雑さ，驚きなどがある．具体例として，動物園での状態興味を考えてみよう．もともと動物に対して興味をもっている（特性興味が高い）子どもは，とくに何もしなくても集中して動物を観察したり，説明を聞いたりするだろう．また，動物に対する興味の有無にかかわらず，実際にみる動物や説明に新奇さや驚きなどを感じた場合（状況要因の影響を受ける）も，おのずと集中力が高まるはずである．さらにこの体験によって，新たに動物に対する興味が高くなる子どももいるかもしれない．このように，状態興味は特性興味と状況要因によって高められ，動機づけを生み出す．また，状態興味が高まることによって特性興味が高まることもある．

6.3.2　フロー

　状態興味は集中力を高めるためのカギの1つといえるが，集中力がより研ぎ澄まされた状態，すなわち何かに没頭しているような心理状態のことを**フロー**という（チクセントミハイ，1996）．フロー体験の特徴として，現在の活動に対して強く集中する，行動が意識を介さず自動的に生起する，自分自身に対する内省的な意識が喪失する，状況に対してうまく対処できるという感覚をもつ，時間感覚がゆがんで時間経過が早く感じる，活動を行うこと自体に価値を感じるなどがある（第4章参照）．

　フローの生起条件として，活動の挑戦のレベルと行為者の能力のレベルがつりあっていること，活動中の目標が明確であり，行為に関する明確かつ即座のフィー

ドバックが得られることがあげられる．たとえば，対戦型のスポーツでいえば，まず対戦相手のレベルが自分の実力を十分に発揮することでようやく勝てるかどうかのレベルである必要がある．また，勝利条件を達成するために取るべき行動を理解し，1つ1つのプレーの結果が勝利条件の達成につながったかどうかを即座に把握できる必要がある．対戦相手のレベルに対して，自分の実力不足を感じる場合には不安や心配を感じることになる．反対に，相手よりも自分の能力が高いと感じる場合は，リラックス状態や退屈状態になりやすい．また，勝つために何をすべきかが明確でないうちは，フロー状態は生起しにくいといえる．

6.4　自律性と動機づけ

6.4.1　内発的動機づけと外発的動機づけ

　動機づけの質に着目した代表的な分類として，**内発的動機づけ**と**外発的動機づけ**がある．内発的動機づけとは，活動自体から得られる興味や満足感といった個人内の要因に基づく動機づけである．外発的動機づけとは，活動に伴う報酬を求めたり罰を避けたりといった個人外の要因に基づく動機づけである．たとえば，お絵描きを学校の休み時間に自発的に行う場合は，内発的動機づけが高いと考えられる．一方で，授業や宿題として仕方なく行う場合は，外発的動機づけが高いといえる．すなわち，内発的動機づけでは活動すること自体（お絵描きをする楽しさ）が目的となっており，外発的動機づけでは活動することが別の目的を達成する（先生から怒られることを避ける）ための手段になっているととらえることができる（第4章，第8章参照）．

　学習場面においては内発的動機づけが質の高い動機づけと考えられている．その理由の1つとして，内発的動機づけはエンゲージメント状態を促進するということがあげられる．エンゲージメントとは，課題に没頭して取り組んでいる心理状態のことで，行動的側面，感情的側面，認知的側面の3つがある（Skinner et al., 2009）．表6.1にエンゲージメント状態と非エンゲージメント状態の特徴を示している．3つの側面のエンゲージメントが機能することで，より適応的な行動をとることができ，学習パフォーマンスの向上につながると考えられている．

6.4.2　自己決定理論に基づく分類

　内発的動機づけと外発的動機づけは目的－手段の軸でとらえることができると説明したが，自律性の程度という軸で分類する考え方もある（図6.3）．**自己決定**

表6.1　エンゲージメントと非エンゲージメントの特徴

	エンゲージメント	非エンゲージメント
行動的側面	行動の始発，努力，勤勉，試み，粘り強さ，注意，集中，没頭，かかわり	受け身，先延ばし，あきらめ，落ち着きのない，気乗りがしない，不注意，気の散った，気が引けた，燃え尽きた，準備不足，不参加
感情的側面	熱中，興味，楽しみ，満足，誇り，活力，熱意	退屈，興味のない，不満，悲しみ，心配，恥，自己批判
認知的側面	目的のある，接近，目標志向，方略の探求，意欲的な参加，挑戦志向，熟達，やり抜く，徹底	目的のない，無気力，あきらめている，気が進まない，抵抗，回避，無関心，絶望した，プレッシャー

出典：Skinner et al.（2009）を参考に作成．

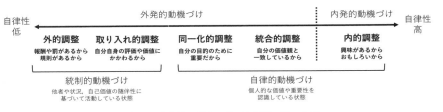

図6.3　自律性の程度に基づく動機づけの分類

理論の中のミニ理論の１つである有機的統合理論では，内発的動機づけに該当するものを最も自律性の高い内的調整（活動自体への興味や楽しさに基づく動機づけ）とし，外発的動機づけを自律性が高い順から，統合的調整（自己のもつほかの価値や欲求と矛盾なく調和した状態に基づく動機づけ），同一化的調整（個人的な価値や重要性の認識に基づく動機づけ），取り入れ的調整（自己価値の随伴性や自我関与に基づく動機づけ），外的調整（外的要因による統制的な働きかけに基づく動機づけ）に細分化している（Ryan & Deci, 2000）．たとえば，年齢が上がるにつれて学校の勉強自体が楽しいという生徒（内発的動機づけが高い生徒）の割合は小さくなるかもしれない．しかしながら，外発的動機づけで勉強しているといっても，勉強を通して自分の成長や将来のキャリアに役立てることを考えている生徒と，周りに流されてなんとなく勉強を続けている生徒との間には動機づけの質に何らかの違いがあるはずである．有機的統合理論では，こうした外発的動機づけの違いを自律性の程度という観点から区別しているのである．

　５つある分類のうち，自律性の高い内的調整，統合的調整，同一化的調整までをまとめて自律的動機づけ，自律性の低い取り入れ的調整と外的調整をまとめて統制的動機づけと呼ぶこともある．学習場面においては，自律的動機づけが適応的な方略の使用を促したり，パフォーマンスを向上させたり，満足感を高めた

りといったポジティブな影響をもつことが示されている（櫻井，2009）．しかし，自律性が高ければ高いほどよいというわけではなく，自律的動機づけの中では自律性が低い同一化的調整のポジティブな影響が最も大きくなるケースがいくつか示されている．すなわち，学習においては興味や関心の高さだけでなく，学習を行う自分なりの価値や重要性を認識しておくことも必要であると考えられる．

6.5　不適応につながる動機づけ

　ここまで，質の高い動機づけを高める要因やその影響について説明してきた．しかし当然ながら，子どもの学習にとって質が悪いといえる動機づけを高める要因や，動機づけを低下させてしまう要因もある．これらは学習において不適応的な行動をもたらすことがある．最後にこうした不適応につながり得るいくつかの要因について説明する．

6.5.1　マインドセット

　みなさんは人がもつ能力についてどのように考えているだろうか．生まれもった才能だと考える人もいれば，努力次第で変わり得るものだと考える人もいるだろう．この能力に対する考え方自体が，学習に対する行動や認識に影響を及ぼすことが知られている．自分の能力は努力や経験では変わらないという考え方をフィックストマインドセット（fixed mindset），自分の能力は努力や経験によって向上するという考え方をグロースマインドセット（growth mindset）という（Dweck, 2006）．表6.2に示すようにフィックストマインドセットをもつ人は，適応的でない行動や認識をしやすいことが知られている．

　フィックストマインドセットを抑制し，グロースマインドセットを促すための方法の1つとして，フィードバックの仕方があげられる．課題に成功・失敗した際にその原因を，努力不足や学習方法といった学習者が自分でコントロール可能な要因に帰属するフィードバックはグロースマインドセットを促す．反対に，課題の困難さや能力不足といった学習者が自分でコントロールできない要因に帰属するフィードバックはフィックストマインドセットを促してしまう．

6.5.2　アンダーマイニング効果

　子どもの頃にテストで100点を取ったらお小遣いをもらうとか，習いごとをがんばったらおもちゃを買ってもらうといった経験をもつ人も多いのではないだろうか．しかし，こうした金銭や物的な報酬を目的として活動するという状態は6.4

表 6.2 フィックストマインドセットとグロースマインドセットの特徴

	フィックストマインドセット	グロースマインドセット
スキル	・生まれつきのもの ・固定的	・努力によって獲得できる ・いつでも向上させられる
挑戦	・避けるべきもの ・スキル不足を露呈しうる ・すぐにあきらめる	・積極的 ・成長の機会 ・粘り強く行う
努力	・不要 ・能力が十分でない人が行う	・必要不可欠 ・成長や達成につながる
フィードバック	・防衛的に受け取る	・学びや成長につなげる
失敗・挫折	・他者や状況のせいにする ・避けようとする	・次に向けた学びの機会

出典：Dweck（2006）を参考に作成.

節でみた外発的動機づけや外的調整に当たる．学習内容ではなく，結果に伴う報酬が目当てとなるため，学習の計画を立てたり学習方法を工夫したりするといった適応的な行動はとりにくくなる．より悪い場合には，一夜漬けの勉強であったり，カンニングなどの不正をしたりするなど，よい結果を求めるだけの不適応な行動につながることもある．

　もう1つ，外発的動機づけのネガティブな影響として，もともと内発的動機づけが高い活動に対して，報酬を与えると内発的動機づけが低下してしまうことがある．この現象を**アンダーマイニング効果**という（Deci et al., 1999）．アンダーマイニング効果は，報酬が金銭や商品などの物的なもの，あるいは賞状などのシンボリックなものであり，かつその報酬がもらえることを行為者が事前に予期している場合に生じやすいとされている．反対に，ほめ言葉などの言語的な報酬は内発的動機づけを高めることも知られている（**エンハンシング効果**）．たとえば，自発的にお手伝いをしている子どもに対してご褒美をあげると，次第にご褒美が目的となってしまい，ご褒美がもらえない状況ではお手伝いをしなくなってしまう可能性がある．反対に，お手伝いをしたことを言葉でほめてあげるとより積極的にお手伝いをするようになることが期待できる（第5章参照）．

　もちろん，報酬は古くから行動を強化する高い効果が示されているため，また，アンダーマイニング効果が起こる条件は限定的であるため，絶対に言語以外の報酬を避けるべきとはいえない．たとえば，内発的動機づけも外発的動機づけも低い状態の人（やる気が全くない人）に対しては，報酬を与えることでとりあえず行動を起こすきっかけになることが期待できるだろう（第8章参照）．

6.5.3 学習性無力感

　動機づけの低さや無気力状態を説明する概念の1つに**学習性無力感**がある（Abramson et al., 1978）．学習性無力感とは「何をやっても無駄だ」という認識が形成されることで行動する意欲がなくなってしまう現象である．無力であるという感覚を学習してしまった状態ともいえる．何かを勉強したり練習したりするときに，失敗が続いてしまうと「どうせ次もうまくいかない」と考えてしまい，次第に勉強や練習をしなくなってしまうということを経験したことがある人も多いだろう．

　学習性無力感が生じるプロセスは次のように考えられている．まず，自分ではコントロールできない失敗や罰といったネガティブな刺激を経験する．その経験によって，状況をコントロールできないという知覚が生じる．さらに，コントロールできない原因が内的（自分が悪い）で安定的（ずっと続く）で全体的（他のことにも当てはまる）であると認知してしまうと，将来的にもコントロールできないという期待が形成され，学習性無力感が生じてしまう．このプロセスは，うつ病や不登校，いじめなどの問題も説明できる可能性が指摘されている．

　ポイントは，初期の経験・知覚段階では状況をコントロールできなかったとしても，将来的にもコントロールできないとは限らない点である．ところが原因を内的・安定的・全体的なものに帰属してしまうと，もしコントロールできる状況に変化したとしても，それをしようとしなくなってしまうのである．したがって，学習性無力感への対応を考えるうえでは，原因帰属に目を向けることが有効といえるだろう．

6.5.4 メタ動機づけ

　ここまで，代表的な動機づけ理論のいくつかを取り上げて概観してきた．なかには自分の経験と合致するものもあれば，自分には当てはまらないと思うものもあるだろう．動機づけに対する学習者や教師，養育者の認識のことを**メタ動機づけ**という（村山, 2014）．演習 6.1 で書いた「やる気」はまさに「あなた自身のメタ動機づけ」といえる．メタ動機づけは不正確で，楽天的になりやすいといわれている．

　自分自身のことに限らず，教師や養育者が不正確なメタ動機づけに基づいて子どもの動機づけを高めようとしてしまう可能性もある．外発的動機づけはアンダーマイニング効果などのネガティブな側面があるにもかかわらず，学校や家庭

教育ではご褒美による動機づけが多く用いられているように思われる．この理由の 1 つとして動機づけの量的側面しか考慮していないことが考えられる．確かにご褒美は，勉強や練習の量を増やす効果はあるかもしれない．しかし，効果的な学習を継続するには，ここまでみてきたように勉強や練習内容に学習者自身が関心や意義を見出すことが大切である．今後さらに動機づけについて学んだり，考えたりするときはとくに質的側面を意識して，正確なメタ動機づけに基づいて子どもの育ちを支えてほしい．

演習 6.2　あなたの「メタ動機づけ」を振り返る

　演習 6.1 で書いた自分の「やる気」を見返してみよう．あなたは質の高い動機づけを高めることができていたか，不適応につながりやすい思考や方略になっていないか，この章を読む前後であなたのメタ動機づけがどのように変化したかを振り返ってみよう．

文　献

Abramson, L. Y., Seligman, M. E. & Teasdale, J. D.：Learned helplessness in humans：critique and reformulation. *Journal of Abnormal Psychology*, **87**, 49-74, 1978

Atkinson, J. W.：Motivational determinants of risk-taking behavior. *Psychological Review*, **64**, 359-372, 1957

Bandura, A.：Self-efficacy：Toward a unifying theory of behavioral change. *Psychological Review*, **84**, 191-215, 1977

チクセントミハイ，M.／今村浩明訳：フロー体験 – 喜びの現象学，世界思想社，1996

Deci, E. L., Koestner, R. & Ryan, R. M.：A meta-analytic review of experiments examining the effects of extrinsic rewards on intrinsic motivation. *Psychological Bulletin*, **125**, 627-668, 1999

Dweck, C. S.：*Mindset : The New Psychology of Success*, Random House, 2006

Eccles, J. S. & Wigfield, A.：Motivational beliefs, values, and goals. *Annual Review of Psychology*, **53**, 109-132, 2002

速水敏彦：自己形成の心理 – 自律的動機づけ，金子書房，1998

Krapp, A., Hidi, S. & Renninger, K. A.：Interest, learning, and development. In Renninger, K. A., Hidi, S. & Krapp, A.（eds.）：*The Role of Interest in Learning and Development*, pp. 3-25, Lawrence Erlbaum Associates, 1992

鹿毛雅治：「動機づけ研究」へのいざない．淵寿編著：動機づけ研究の最前線，pp. 1-28，北大路書房，2004

村山航：学習者・自分を動機づける – メタ動機づけ．児童心理，**68**，112-116，2014

Reeve, J.：Understanding Motivation and Emotion, John Wiley & Sons, 2014

Ryan, R. M. & Deci, E. L.：Self-determination theory and the facilitation of intrinsic motivation, social development, and well-being. *American Psychologist*, **55**, 68-78, 2000

櫻井茂男：自ら学ぶ意欲の心理学－キャリア発達の視点を加えて，有斐閣，2009

Skinner, E. A., Kindermann, T. A., Connell, J. P. & Wellborn, J. G.：Engagement and disaffection as organizational constructs in the dynamics of motivational development. In Wentzel, K. R. & Wigfield, A.（eds.）：Handbook of Motivation at School, pp. 223-245, Routledge, 2009

担当する先生が変わると，教科の好き嫌いや成績が変わってしまうのはやる気の問題？

　私は小学校教員として5年間勤めた後，現在は，中学校の社会科教員として9年間勤めています．上記の問いを多くの子どもが抱く原因としては，「教師と子どもの信頼関係の希薄さ」があると考えています．授業はもちろん，日々の子どもとのすべてのかかわりの中で，子どもとともに学級や授業をつくりあげ，信頼関係を築く積極的な姿勢が教育現場では求められていると実感しています．

　小・中学校での教師生活の中で，大切してきた言葉があります．それは「あなたはどうしたい？」という言葉です．この言葉を通して子どもが自己決定できるように寄り添い，教師が焦らずに待つ姿勢を示すことで，子どもが自らさまざまな課題に対して「自分ならできる！」という「自信」を高めることを最大のねらいとしてきました．そして実際のサポートにおいては，「共感」，「視点の変換」，「選択」，「自己決定」，「激励」，「報告・連絡・相談（報連相）」の6つの視点を心がけています．子どもの姿や発達段階にもよりますが，小学校では「共感」，「視点の変換」，「選択」，「自己決定」，中学校では「選択」，「自己決定」，「激励」，「報告・連絡・相談（報連相）」に重きを置いた対応が多いです．

　以下には，小学校と中学校のそれぞれにおいて，「担当する先生が変わると，教科の好き嫌いや成績が変わってしまうのはやる気の問題？」と問われたときに行った私の対応を記します．

Aさん（小学校6年生）とのかかわりから

　「去年の先生と授業のやり方が変わったから，慣れるまでに時間がかかるんだね（共感）．でもね，こういう悩みをもっているということは，『どの先生の授業もがんばりたい！』という願いをもてているということだよ（視点の変換）．だからAさんの気持ちを先生に聞かせてくれないかな？」と語りかけ，Aさんの話を十分に聴くことを大切にしました．そして「前の先生の授業が大好きだったんだね．気持ちを正直に話してくれて本当にありがとう．そういうことなら先生や家族，友だちに相談してみるのもいいかもしれないね．もちろん，他の作戦も一緒に考えることもできますよ（選択）．Aさんはどうしたいですか？（自己決定）」と問いかけました．

　するとAさんは「社会の授業に関して相談したい」と話してくれたので，「どこが苦手なのか，くわしく教えてくれますか？　一緒に解決策を考えよう！　先生も授業を工夫してみます！」と返答しました．またその後も，Aさんと意図的に休み時間に社会科の話をするなど，日頃からかかわることで（激励），3学期には「社会が大好き」と言ってくれるようになりました．またAさんの様子を適切なタイミングで保護者にも伝えることで，Aさんのサポート体制を充実させることができました（報連相）．

Bくん（中学校1年生）とのかかわりから

　「中学校は教科ごとに先生が変わるから慣れるまでには時間がかかるよね．まずBくんの気持ちを聞かせてくれますか？」と問いかけました．そしてBくんの返答を「『先生（教科担任の私）の社会の授業が苦手で，社会科の授業は覚えることが多くて，なかなか授業に集中できない，勉強のコツを教えてもらいたい』ということなんだね」と伝え返した上で，「よし！　そういうことなら，家庭学習・テスト勉強のコツを教えます！　自分にあった方法を選んでみよう（選択・自己決定）．それと，先生もみんなに授業アンケートをとって授業を工夫してみます．また何かあればいつでも相談にのるよ．先生に相談するBくんは偉いと思うな．やる気が伝わってきます．きっと君なら社会が得意になるはずだよ！（激励）」と伝えました．

　その後，私（教科担任），Bくんの担任，保護者の3者で情報を共有し，サポート体制を整えました（報連相）．中学生の場合，直接的激励よりも，「〇〇先生（あるいは保護者）からがんばっていると聞いたよ！」という第三者からの間接的な激励が効果的な場合が多かったです．

　「担当する先生が変わると，教科の好き嫌いや成績が変わってしまうのはやる気の問題？」という子どもからの問いを，「教師に与えられた課題」と受け止め，自らを省察する姿勢が大切です．ここで紹介したAさんとBくんは，私に「子どもから学ぶ姿勢」を教えてくれました．現在も自作の授業アンケートを必ずとり，子どもにとって魅力的な授業を日々研究しています．

第4部

誰よりも幸せになる方法？

第7章

幸せはすでにあなたの手の中に？
－認知と感情の発達がもたらすもの－

7.1 赤ちゃんの感じる世界

演習 7.1 考えてみよう！

　赤ちゃんは，どのように世界を感じているだろうか．たとえば，何が見えて，何が聞こえてくるだろうか．赤ちゃんが世界をどのように感じているか，赤ちゃんになったつもりで考えてみよう．可能であれば，生まれた直後，生後 2 カ月，生後 9 カ月と想像をめぐらせてみよう．

7.1.1 赤ちゃんの知覚

　生まれたばかりの赤ちゃんは，聞こえるだろうか，見えるだろうかと問うと，聞こえると考える人は，かなりいるが，見えると考えている人は，ほとんどいないことが多い．しかし，実際の答えは，生まれたばかりの赤ちゃんでも聞こえ，ぼんやりとではあるが見えてもいる．この聞こえること，見えることをはじめとした，赤ちゃんが何もできない無力な存在ではないことを示す研究は，心理学から始まった．

　古典的な研究として，ファンツ(Fantz, 1961)が行ったものがある．ファンツは，生後 5 日以内の新生児と生後 2 カ月から 6 カ月の乳児に，同じ大きさの丸い紙に「人の顔」「新聞紙」「弓の的」「白色」「黄色」「赤色」を示したものを，ランダムに 2 枚ずつ組み合わせて示し，どちらをどのくらいの時間見ているかを調べた．すると，生後 5 日以内の新生児でも，「人の顔」に最も長く視線を向けていた．さらに，他の図形の中でも，複雑な「新聞紙」「弓の的」が長く見られることから，コントラストの強い，複雑な図形を長く見る傾向があることが示された．

　この実験を契機に，赤ちゃん研究は急速に進んだ．それは，赤ちゃんであっても，さまざまな視覚刺激に対して，興味のあるもの，好むものを「自ら」長く見ることがわかったからである．**選好注視法**と呼ばれるこの方法を用いることで，

赤ちゃんの視力や，母親の声を聴き分けていること，母親の匂いに対してより頻繁に顔を向けることなどが明らかになっていった．たとえば，さまざまな幅の縞模様と灰色の紙を用意する．縞模様と灰色の紙の2つを提示すると，赤ちゃんは縞模様のほうを長く見つめる．提示する縞模様のほうの紙の縞の幅をだんだん細くしていくと，やがて灰色の紙と見分けがつかなくなり，どちらか一方を注視することがなくなる．その見分けられなくなったときの縞の幅により，赤ちゃんの視力を調べることができる．生後1カ月の新生児の視力は，およそ0.01～0.02程度，生後半年までに0.1～0.2くらいになり，3～7歳くらいにかけて成人に近づいていく．

7.1.2　赤ちゃんが「わかる」こと

選好注視法をさらに発展させたものに，**馴化－脱馴化法**がある．この方法は，2つの刺激の間に，より好んで見る傾向がない場合でも調べることができ，見慣れた対象より新しい対象のほうをより長く見ることを利用する．まず，ある刺激を繰り返し提示すると，慣れてくることにより，見つめている時間が減少する（これを馴化と呼ぶ）．その後，新しい刺激を提示することで，見つめる時間が回復するなら，馴れから脱したことであり（脱馴化と呼ぶ），その新しい刺激を，最初の刺激とは区別していることになる．（新しい刺激を，とくに見つめることがなければ，それは，最初の刺激と新しい刺激を同じものと思っていることとなる）．この方法を用いて，乳児が，母国語にはない音も聞き分ける能力があることも示された．ある音を聞き慣れたところで，他の音を聞いたとき，注意が回復するならば，その2つの音を聞き分けていることになる．その結果，たとえば，同じ人がRの音を含む単語を発音するのに聞き慣れた後，Lの音を含む単語を発音するのに切り替えると，注意が回復するのに対して，違う人がRの音を含む単語を発音するのに切り替えると，ほとんど注意が回復しない．つまり，LとRの音は聞き分けているが，違う人が話すLの音はほとんど聞き分けない，ということになる．

また，馴化－脱馴化法から派生した方法に，**期待背反法**もある．これは，ある事象に引き続いて起こる事象が，予想とは異なると注視時間が増加することを利用する．この方法を用いて，乳児が物の動きを推測する素朴な物理法則に関する知識や，$1 + 1 = 2$，$2 - 1 = 1$のような簡単な算数の計算，数の概念をもっていることが示されている．

7.1.3　赤ちゃんの感情，その共有

　赤ちゃんの感情の発達についての古典的研究としては，ブリッジズ（Bridges, 1932）のものがあげられる．生まれたばかりの赤ちゃんの感情は，単純で未分化なものであり，発達とともにさまざまな感情に分化していくととらえられた．ブリッジズは，赤ちゃんの観察から，新生児は興奮状態が中心であり，やがて生後 2 ～ 3 カ月になると，快と不快がわかれ，さらに，不快に関しては，怒り，嫌悪，恐れが示されるようになるとした．ブリッジズは，新生児は感情が未分化としたが，その後の研究で，新生児であっても，少なくとも快と不快の感情を示すとした研究もある．

　感情を示すととらえられるものに，泣くことがある．新生児室で，赤ちゃんが他の赤ちゃんの泣き声を聞いたとき，つられるかのように同時に泣きが伝染するような現象も，以前は自己と他者が混乱してもたらされるとされていた．しかし，実験的な場面で確かめたところ，新生児は自分の泣き声が録音されたものより，他の赤ちゃんの泣き声が録音されたものに対してより泣くことがはっきり示された．つまり，大人でさえも聞き分けることがむずかしい，自分自身の声と異なる声に気づいていることが示された．さらにいえば，異なる存在へのある種の共感から泣いているともとらえられる．泣くという感情状態を共有することは生まれた直後からみられるともいえるかもしれない．

　一方，生まれたばかりの赤ちゃんでも，笑うことがある．**新生児微笑**（自発的微笑）と呼ばれるこの笑顔は，眠っているときにもみられ，特定の刺激でもたらされるものでもないため，生まれつきもっている反射に近いものととらえられている．だが，多くの場合，赤ちゃんとかかわる人は，「笑った」と受けとり，笑顔で赤ちゃんにかかわることになる．つまり，赤ちゃんは生後直後から，感情をもつ存在として，人とのかかわりあいの世界に生まれたときから入っていくことになる．さらに，2 カ月を迎える頃には，他者とのコミュニケーションのときに笑うようになる．まわりの人とのやりとりの中で笑うようになるため，**社会的微笑**と呼ばれる．この頃，機嫌の良いときに，**喃語**と呼ばれる「くー」「ふぁー」といったやわらかい可愛らしい声を他者に向かって発するようになる．その声を聞いた大人は，この声に誘われ応答する形で，やりとりが始まる．また，多くの養育者が，赤ちゃんと目があう，まなざしがあうと感じられるようになるのもこの頃である．新生児期から，かかわりあいが始まっているとはいえ，この生後 2 カ月を迎える時期に双方向的なコミュニケーションがよりはっきりしてくるので

ある（第2章，第3章参照）．

7.1.4　赤ちゃんとの気持ちの通じあい

　赤ちゃんが感情をもつ存在として，人とのかかわりあいの世界に入っていくことをもう少し考えてみよう．

　赤ちゃんには，生まれてわずか数時間後に相手の顔の動きを真似することができる**新生児模倣**がみられることが古くから知られている．メルツォフとムーア（Meltzoff & Moore, 1977）は，病院の分娩室の隣に実験室を設置して，研究を行った．彼らは，赤ちゃんが起きていて気分の良いとき，その赤ちゃんの顔を覗き込み，ゆっくりと舌を突き出した．すると赤ちゃんも舌を突き出した．また口をすぼめてみせると，赤ちゃんも同じように口をすぼめ，口をあけてみせると，赤ちゃんも口をあけることも見出した（**共鳴動作**）．一番早い赤ちゃんは生後42分で，この現象がみられたという．つまり，赤ちゃんが，まだ鏡で自分の顔をみたこともなければ，自分の目の前の大人の口や舌と自分の口や舌とが同じものであるという認識も芽生えようもないときから，この現象がみられるのである．すなわち，新生児模倣は，赤ちゃんが目の前にいる人と動作が無意識のうちに，あるいは自動的に共振することによって生じるものであると考えられていた．

　ところが，興味深い研究が，ナジとモナル（Nagy & Molner, 2004）によってなされている．彼らは，赤ちゃんが大人のモデルの舌出し模倣をしたあと，さらに大人が舌出しをしてやりとりとなること，やりとりが成り立ったあと大人が何もせずに楽しそうに赤ちゃんをみつめると，赤ちゃんは少し間をおいて，こちらの舌出しを「誘う」かのように舌出しをすることに気づき，それを実験的に確かめたのである．

　生後3〜54時間の新生児を対象に，まずモデルである大人が舌出しをして，その後，赤ちゃんが模倣するというやりとりを数回したあと，大人は自分が舌出しをするタイミングで舌出しをしないで，赤ちゃんをただ笑顔でみつめた．すると，赤ちゃんはしばらく大人の顔をじっとみているが，間をおいて，今度は自分から舌出しをしてみせた．この間の赤ちゃんの心拍数も同時に調べたところ，舌出しのやりとりをしているとき，赤ちゃんは舌を出すときに心拍数が高まるが，それは自分から身体を動かそうとしていること，この場合は，舌出しをしようと努力していることを示している．大人が舌出しをするのをみているときは，心拍数は「平常」である．ところが，大人が舌出しをしないで，赤ちゃんの顔をただ笑顔でみているだけのとき，赤ちゃんの心拍数は平常より下がる．心拍数が下が

るのは，何かに集中して，次の出来事を「待機」していることを示している．つまり，赤ちゃんはモデルの大人側の「応答」を待っているのである．「応答」が得られないことがわかると，心拍数が上がり始め，今度は大人の舌出しを「誘発する」ために，自ら舌出しを始めた．赤ちゃんは単に大人の行為に同調しているだけではなく，大人の行為を待ち，誘うという，自らやりとりをつくり出す存在なのである．

　赤ちゃんは無力で受け身な存在と思われていたところから，意外に有能であること，さらには，自ら他者にかかわろうとする存在であることがみえてきただろうか．演習 7.1 で考えていた赤ちゃんの感じる世界と，この節で学んだことを比較して振り返ってみたうえで，次の節に進んでいこう．

7.2 「私」ってなんだろう

> **演習 7.2　考えてみよう！**
> 　あなたが，「私」という意識をもったのはいつ頃ですか．どのようなエピソードとともにその意識に気づいたか思い出してみよう．

7.2.1 赤ちゃんにとっての自己

　「自分」「私」の世界は，いつ頃から生まれてくるのだろうか．心理学の古典的な研究においては，「私」本人が内側から主観的に経験している「知る自己（I）」としての主体的な自己と，外側から対象として知ることができる「みられる自己（me）」としての客体的な自己という分類がよく知られている．「私」を「知る」といったとき，言葉で「私」を表現できるのは，生後1年以降を待たねばならないが，身体的，主体的に「私」を知る，少なくとも感じることは，赤ちゃんのときからみることができる．たとえば，新生児は，自分自身の手で頬を触るときと，他者が頬を触るときとを区別することができる．

　生後2カ月から3カ月くらいにみられる，**ハンドリガード**と呼ばれる現象も主体的自己の理解の現れととらえられる．ハンドリガードとは，赤ちゃんが自分の手を目の前にかざして，じっとみつめる行動である．ただじっとみているだけではなく，ゆっくりと手を結んだり開いたりと動かして，その動きをじっと観察するような様子もみられる．つまり，自分自身がこの手を動かしている感覚を味わいながら，目でその動きを確かめているようにとらえられる．このようなハンド

リガードを，佐伯（1978）は，赤ちゃんが「変化（運動）の原因としての意思の存在を発見する」と解釈している．赤ちゃんが，手を動かしているとき，変化（運動）が自分の意思によってもたらされることが検証できる．手を握ろうとすれば握られ，開こうとすれば開くこと試みることができ，それを目で確かめることができるからである．このためハンドリガードは，自己との対話の始まり，そして自らが行動を起こす起点であることに気づく「自己原因性」の始まりであるととらえられる．佐伯は，さらに，変化の原因としての意思の存在を自分で確かめ続ける，根源的な探究の始まりと位置づけている．

7.2.2　自己意識の発達

では，客体的，対象としての自己に気づくのはいつ頃なのだろうか．鏡に映っているのが自分かどうかを理解しているのかを確かめるためにルージュテスト（マークテスト）と呼ばれる手法がチンパンジーを対象にした研究で開発された．チンパンジーの場合，麻酔で眠っている間に，眉や耳のところに赤い染料をつけて，麻酔から覚めた後にどうするかを観察する．チンパンジーは鏡をみる前は，赤い染料がつけられた場所を触らないのだが，鏡をみると頻繁にその場所を触る．同様に，ヒトの子どもの場合は，気づかれないように鼻の頭に口紅などでしるしをつけて実施する．すると，1歳以下の子どもは，鏡をみせられると，微笑みかけたりして，知らない間につけられたしるしには触れない．1歳半をすぎると，鏡に映った自分の顔についたしるしに触れる子どもが急激に多くなる．2歳をすぎると，ほとんどの子どもが，鏡に映っているのは自分である反応をみせるようになる．つまり，鏡に映っている自分がわかる，客体的な自分の姿を意識し始めるのが，この頃である．

さらに，自分がどのような人であるかについての経験や知識，たとえば，人間関係や身体能力，外見などで把握する**自己概念**については，2歳頃から少しずつとらえられる．この自己概念は，言葉で表現されて初めてわかる．そこで，子どもの自己概念については，日常生活の中で幼児が語る内容や，幼児に自分の好きなところ，嫌いなところ，いいところ，悪いところについてインタビューをすることで調べられている．2歳後半くらいから「走るのが早い」といった自分の行動や能力，自分が「いい子」であるといった自分の特性などを語ることがみられる．また，幼児は，自分の嫌いなところや悪いところを尋ねられると，「ない」と答えることが多く，自己を肯定的にとらえている．これは，他者と比較してとらえることができないためとも考えられている．しかし，幼児がさまざまなことがで

きるようになっていく自分に対して肯定的にとらえていることは，**自己肯定感の**発達を考えるうえで重要なことだと思われる．

7.2.3　自己の育ちを支える

自己の発達をめぐっては，自分の行動や感情を統制したり調整したりする自己コントロール，自己制御についても研究されている．自己制御には大きく 2 つの側面があると考えられており，それは，**自己主張**と**自己抑制**である．自己主張は，自分の欲求や意思を表現し，実現していくこと，自己抑制は，自分の欲求や意思，行動を，状況に応じて抑制することである．自己主張は，3 歳から 4 歳にかけて，自己抑制は，3 歳から 6 歳にかけて徐々に発達していくとされる（柏木，1988）．

日常の生活場面で考えてみると，自己主張は，2 歳頃の何でも「自分で」やってみたがる時期を迎えた頃にはっきりと現れ始める．たとえば，自分で靴を履く，自分でスプーンを使って食べると主張し，たとえうまくできなくとも譲らないため，**第一反抗期**，**イヤイヤ期**などとも呼ばれる（第 1 章参照）．大人からみると「反抗」と名づけられてしまうが，実はこれは，自分の意思，主体性を主張する姿である．先ほど紹介した佐伯の「自己原因性」という解釈によれば，これらの自己主張する姿もまた「私の意思」が変化の原因であることを確かめずにいられない姿ととらえられる．「私」がさまざまに試みる中で，まわりとぶつかることも，うまくいかずに失敗することも，怒られて劣等感を抱くことも起こり得る．だが，そのような経験を大切にしつつも，自分はあるがままの自分で良いのだと感じられる自己肯定感，自分ができる**有能感**，自分にはできそうだと感じる**自己効力感**を実感するには，乳児期からの「私の意思」が大切にされるかかわりが欠かせないととらえられる．

演習 7.2 で，あなたが「私」という意識をもった初めてのエピソードを思い出せただろうか．ひょっとしたら，「私の意思」が通らなかった，「私」がうまくできなかった場面が思い出された場合も，多かったかもしれない．その意味で，「私」は葛藤と出会うことから育つともいえる．だが，日本の子どもたちの自己肯定感が低いというデータをみると，「私の意思」があくまでも大切にされながら，そのような葛藤に向かいあえることが必要だと思われる．どんなに小さい子どもたちとかかわるときでも，その子の思いや訴えを大切にしながら，その子とともに解決を考えていくようなかかわりあいが，自己の育ちとかかわっている．

7.3　他者について知ることと，ともに生きる世界

演習 7.3　考えてみよう！
　子どもたちが，他者の考えていることを理解できるようになるのは，いつ頃からだと思いますか．また，あなた自身が，日常の生活の中で，他者の考えていることを，どのように理解しているかも考えてみよう．

7.3.1　心の理論－誤信念課題－

　他者とのかかわりの中で，子どもたちは自分について知り，他者について知っていく．他者について知ることについて考えていくために，**心の理論**と呼ばれる研究を紹介したい．「心の理論」とは，子どもたちが，自分とは異なる他者の心の状態，すなわち，他者がどんなことを考えたり，推測したりしているかを，理解することができるかについて検討している一連の研究である．

　ウィマーとパーナー（Wimmer & Perner, 1983）は，この「心の理論」について体系的に調べるために，**誤信念**（false belief）**課題**を考案した．この課題は次のような物語を用いる．マクシという男の子が，チョコレートを緑の棚にしまう．そして，マクシが出かけている間に，マクシのお母さんがケーキをつくるためにそのチョコレートを取り出して使い，緑の棚ではなく青の棚にチョコレートをしまって，買い物に出かける．そして，そこへ帰ってきたマクシが「チョコレートがどこにあると思っているか」という質問を，実験に参加している幼児期の子どもたちに行う．その結果，3〜4歳の子どもたちは，チョコレートが実際にある，本来マクシは知らないはずの移動先である「青の棚にある」と答える．一方，4歳から7歳にかけて，子どもたちは「マクシは緑の棚にチョコレートがあると考えている」というように，出かけていてチョコレートのしまってある場所が変わっていることを知らないはずのマクシの「心の状態」，すなわち相手の心の状態の表象としての「心の理論」を推測して答えられるようになっていく．

　誤信念課題は，このほかにも，片方のお人形が出かけている間にボールがしまってある場所が移動するサリーとアン課題と呼ばれるものや，チョコート菓子が入っている箱に鉛筆が入っている状態を用いるスマーティ課題などもある．そして，このような誤信念課題と呼ばれる構造の物語は，3歳児は理解がむずかしく，4歳児以降ではかなりの子どもたちが理解すること，さらに，自閉症児は4歳児

と同程度の知的能力を有する場合でも，この課題の理解に困難を抱えていること
が示されている．

7.3.2　言葉を用いない誤信念課題

　誤信念課題で測られているような他者理解は，幼児期になって初めて現れるも
のなのだろうか．誤信念課題を振り返ると，課題に正答するためには，言葉の理
解能力が大きくかかわっていることがみえてくる．では，言葉を用いない形での
誤信念課題を実施することができれば，もっと小さいときにも，他者理解の萌芽
はみられるのではないだろうか．

　実際，オオニシとバイラージョン（Onishi & Baillargeon, 2005）は，言葉を用
いない形でサリーとアン課題と同型の誤信念課題を実施した．

　言葉を使わずに誤信念課題を示すことはどのように行われたのだろうか．それ
は，実験者がみていない間にモノが移動していたあとの反応を赤ちゃんの前で演
じることによって示された．まず赤ちゃん（15カ月児）の前には黄色の箱と緑
の箱，そしてその間にスイカの模型が置かれている．そしてスクリーンが下がっ
て登場した実験者は，スイカを手にとって緑の箱に入れる．その後，実験者がみ
ている目の前でスイカが緑の箱から黄色の箱に移動した後に，実験者が黄色の箱
に手を伸ばしスイカを取り出す場面をみても赤ちゃんは驚かない．ところが，ス
クリーンがあがっていて実験者がみていないときに，スイカが緑の箱から黄色の
箱に移動し，再びスクリーンが下がって，実験者が緑の箱に手を伸ばす場面をみ
ても赤ちゃんは驚かないが，黄色の箱に手を伸ばした場面をみたとき，赤ちゃん
は驚き長く注目するのである．つまり，赤ちゃんは，実験者がみていない間にス
イカが移動し，その移動を知らない行為を実験者がとるときは驚かず，知らない
はずなのに移動先を探すという移動を知っているような行為をしたときには驚い
たことになる．このような実験によって，オオニシとバイラージョンは15カ月
児であっても，原初的で言語化できない暗黙的な「心の理論」をもっていること
が想定されるとしている．

7.3.3　日常の中の他者の心

　赤ちゃんが，このような他者の心，意図に気づくのは，生まれてからの，かか
わりあいの中であると考えられる．そこで，9カ月の赤ちゃんと父親との日常の
やりとりのエピソードから考えてみよう．

　彼女は，小さなビスケットをもったまま，自分の手をもう一度，お父さんのほうへのばしました．彼女の目はお父さんの顔に向けられて，観察し，彼女の顔には小さなほほえみが浮かんでいました．お父さんは，素直に（しかし，おそらく今は自分のデザートとして得られることを望みながら）自分の手を再びのばしました．彼の手が近づくと，彼女は自分の手を引っ込めました．前より笑い，彼女の鼻にはしわが出ていました．彼はびっくりして，笑い，「ちょうだい，ちょうだい！ちょうだい！」と言いながら，さらに手をのばしました．彼女はさらに引っ込めて，笑っていました．彼は自分の手を引っ込めて，顔をそむけました．彼女の目は彼の顔から決して離れませんでした．彼女は再び彼のほうに手をのばして，ビスケットを差し出し，彼の顔を半分笑いながらみていました．彼が手をのばすと，それに応じて彼女は急いで引っ込めました．

（レディ，2015 訳，pp.190-191）

　このエピソードに描かれた情景は，他者とモノのやりとりを楽しむようになった年頃の赤ちゃんとかかわった人が，誰しも出会うような日常の場面である．しかし，このちょっとした微笑ましい他者とのやりとりを丁寧にみたとき，赤ちゃんも他者の「意図」を理解しているからこそ，この何気ないやりとりが成り立っていることがみえてくる．

　この場面での赤ちゃんは，やりとりをする相手である父親の「意図」を予期している．赤ちゃんが何かを差し出したならば，父親はそれを受け取るであろうと予想しているし，その父親が受け取ろうとする意図的行為を誘っているようでもある．さらに，彼女の差し出したビスケットに，父親が手をのばすや否や，彼女が差し出す手を引っ込めるということは，父親がビスケットを受け取ろうと「意図したこと」を失敗するように，彼を「からかおう」「はめてやろう」と事前に考慮していたようにみえる．つまり，彼女は，父親のもっている「彼女がビスケットをくれるだろう」という期待を故意にもてあそんでいるかのようである．

　このエピソードでは，赤ちゃんが親しい父親と，モノを介してやりとりをする微笑ましい様子が目に浮かぶ．そして，ただ微笑ましいだけではなく，そのような父親とのモノを介した親しい何気ないやりとりにはさまざまな「意図」が伴っており，その意図を赤ちゃんもしっかりとらえていること，それどころか赤ちゃん自身が意図をもてあそんでいることすらあることがみえてくる．ここでいう「意図」は，赤ちゃん自身の「意図」でもあり，やりとりをしている相手である父親の「意図」でもある．さらには，もっと複雑な「お父さんは自分がこうしようと

しているだろうと思っているだろう」といった意図まで含まれている．このエピソードを記述したレディは，この体験から，とても大きな発見をしたと述べている．その発見とは，自分や相手の心の状態である「意図」は，誤信念課題を中心に検討されてきた「心の理論」のように，他者の中にある表象や理論を推測して理解するものではなく，まさに他者との日々の二人称的なかかわりあいの中にあるもの，埋め込まれているものだということである．

「他者を理解する」とは，非常にむずかしい哲学的な問題ともとらえられるが，一方で，赤ちゃんの頃から日常の他者とのかかわりあいの中に埋め込まれているものでもある．本章の演習で考えたように，子どもたちが，他者の考えていることを理解できるようになるのは，かなり早い時期であるととらえられる．そして，日常の生活の中で，他者の考えていることをどのように理解しているかといえば，まさに日々のかかわりあいの中に何気ない形で現れている．その意味で，幸せは，赤ちゃんのときから，かかわりあう互いの手の中にあるものといえるのではないだろうか．

文　献

Bridges, K. M. B.：Emotional development in early infancy. *Child Development*, **3**, 3324-3341, 1932

Fantz, R. L.：The origin of form perception. *Scientific American*, **204**, 66-72, 1961

柏木惠子：幼児期における「自己」の発達－行動の自己制御機能を中心に．東京大学出版会, 1988

Meltzoff, A. N. & Moore, M. K.：Imitation of facial and manual gestures by human neonates. *Science*, **198**, 75-78, 1977

Nagy, E. & Molner, P.：Homo imitans or homo provocans? Human imprinting model of neonatal imitation. *Infant Behaviour and Development*, **27**, 57-63, 2004

Onishi, K. H. & Baillargeon, R.：Do 15-month-old infants understand false beliefs? *Science*, **308**, 255-258, 2005

Reddy, V.：*How Infants Know Minds*, Harvard University Press, 2008（佐伯胖訳：驚くべき乳幼児の心の世界－「二人称的アプローチ」からみえてくること，ミネルヴァ書房, 2015）

佐伯胖：イメージ化による知識と学習, pp. 34-35, 東洋館出版社, 1978

Wimmer, H. & Perner, J.：Beliefs about beliefs：Representation and constraining function of wrong beliefs in young children's understanding of deception. *Cognition*, **13**, 103-128, 1983

ウソはいけないっていうけど，
他者を思う優しいウソって必要じゃない？

　一般的には，子どもがウソをついたときに「ウソつきは泥棒の始まりよ」や「イソップ寓話のオオカミ少年のように，ウソをつき続けると，たまに本当のことを言っても信じてもらえなくなるわよ」というように諭すことがあるかと思います．一見，「ウソをつく」ということは，悪いことのように思えますが，果たして悪いことばかりなのでしょうか．

　他者の心的状態を推測する機能である「心の理論（Theory of Mind: ToM）（Premack & Woodruff, 1978）」の発達過程を調べる方法の中に，ストレンジ・ストーリーズ「罪のないウソ」課題（Happé, 1994）があります．この課題では，たとえば，主人公が誕生日にほしくなかったプレゼントを母親からもらった場面で，主人公は「それがほしかったのよ」と本心ではないウソを言って母親に感謝を伝えます．相手の気持ちを傷つけないようにと気遣ってのことです．ある状況で相手がどう思うかを理解できるか，つまり場の「空気」を読めるかどうかが判定されます．主人公は母親に対して優しいウソをついたことになります．この場合，正直にウソをつかないこと（気持ちをそのまま伝えること）と，相手を傷つけないためにウソをつくこと（気持ちを偽り伝えること）のどちらが社会的に適しているかといえば，後者ではないでしょうか．他者を傷つけないウソを考えることは，他者の視点に立って他者の心的状態を推測し，理解しながら考えなければならないため，視点取得（認知的共感）（Preston & de Waal, 2002）の能力が必要となります．

　他にも，子どもがウソをつくことは，自己防衛のためや，その場をうまくやり過ごすために必要な場合もあります．この場合に関連する課題として，妨害と欺き課題（Sodian & Frith, 1992）が存在します．質問では，他者に対して物理的な妨害や心理的な妨害（欺き）ができるかどうかを確認します．具体的には，箱の中の大切なものを守るために，鍵をかける物理的妨害と，入っていないとウソをつく心理的妨害（欺き）ができるかどうかを調べます．妨害と欺き課題では，定型発達（Typical Development: TD）児群の小学1年生と小学2年生は課題通過率が70％台で，小学3年生で100％近くに達しました．自閉スペクトラム症（Autism Spectrum Disorder: ASD）児群は小学2年生と小学3年生は課題

通過率が30％台で，4年生で80％を超えたという結果が得られています（藤野，2013）．大切なものを守るために，ASD群は物理的な妨害はできていたようですが，ウソをつくという心理的な妨害である欺きは苦手でした．

　上記以外にも，子どもがウソをつく場合には，親や先生や友達にほめられたい，もしくは嫌われたり怒られたくなくて，自分を良くみせるためにウソをついたり（たとえば，わからない問題をわかると答える．できなかったことをできたと言う．いじめられているのに，みんなと仲良くしていると言う．いじめているのに，いじめていないと言う），他者を驚かせたくて，もしくは喜んでもらいたくてウソをついたり（たとえば，サプライズプレゼントを隠していたり，知らないと言う）などの場合が考えられます．このようにウソをつくことは，必ずしも悪いことばかりではありません．

　子どもたちに道徳教育や善悪判断を教える場面において，ウソをつくことについて教えることは非常にむずかしい課題かと思います．ウソをつくことは良くないことが多いのだけれど，時と場合によってはウソをつくことも必要なのだということを正しく教えることが大切なのではないでしょうか．

文　献

藤野博：発達障害における基礎研究と臨床への適用－自閉症スペクトラム障害と心の理論の視点から．発達心理学研究，**24**，429-438，2013

Happé, F. G. E.：An advanced test of theory of mind：understanding of story characters' thoughts and feelings by able autistic, mentally handicapped, and normal children and adults. *Journal of Autism and Developmental Disorders,* **24**, 129-154, 1994

Sodian, B. & Frith, U.：Deception and sabotage in autistic, retarded and normal children. *Journal of Child Psychology and Psychiatry,* **33**, 591-605, 1992

Premack, D. & Woodruff, G.：Does the chimpanzee have a theory of mind? *The Behavioral and Brain Sciences,* **1**, 515-52, 1978

Preston, S. D. & de Waal, F. B. M.：Empathy：Its ultimate and proximate bases. *Behavioral and Brain Sciences,* **25**, 1-20, 2002

第8章 「私，ほめられて成長しますので」
－叱ってはいけない？　真の「ほめる」とは－

　人はしばしば「社会的動物」といわれる．社会集団の中で他者と協力しつつ，1人の人間としての幸福も求めて生きている．人が社会と調和しながら幸福に過ごすためには，社会集団のもつ価値観や行動様式を取り入れつつも，その中で個人が主体性を発揮できることが大事だろう．本章では，はじめに，人が社会の中で成長することを支える，学習にかかわる心の働きを概観する．そのうえで，周囲の社会環境は人の成長をどのように支えることができるのかを考える．

8.1　社会の中で学習する仕組み

8.1.1　直接的な経験による学習

　心理学では，経験を通じて比較的永続的に生じる行動（および，行動を支える知識，感情，認知など）の変化を総じて学習と呼んでいる．学校で国語や算数を学ぶことだけが学習ではなく，日々の経験の中で物事の洞察を深めたり，習慣を身につけたりすることも学習である．学習は望ましいものとは限らず，悪癖や問題行動を身につけることも学習としてとらえられている．

　学習を支える基本的な原理としてよく知られているのが，**古典的条件づけ（レスポンデント条件づけ）**と**道具的条件づけ（オペラント条件づけ）**と呼ばれる2つの条件づけである（第5章参照．日本語での概説として，小野，2016）．

演習 8.1

　古典的条件づけと道具的条件づけについては第5章でも触れられていた．それぞれ，どんな現象をさす用語だっただろうか．テキストを読み進める前に，自分の言葉で説明できるようにまとめてみよう．

　古典的条件づけは，特定の反応を引き起こす刺激Aと，別の刺激Bが組み合わされて提示されること（対提示）により，その反応が刺激Bによっても誘発されるようになる現象をさす．一方の道具的条件づけは，特定の状況で自発され

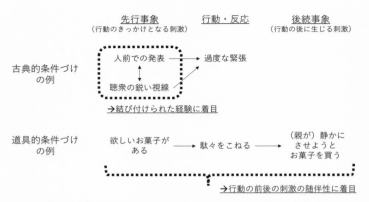

図 8.1　条件づけの視点からの環境刺激と行動との関係との解釈例

た行動の結果を操作すること（随伴提示）によって，その状況での行動の生起頻度が変化する現象をさす．どちらの条件づけも，基本的には，学習する主体自身が刺激同士の対提示や，行動後の刺激の随伴提示を経験することによって，反応や行動が学習されることを想定したものである．

　条件づけの視点から自分や他者の行動を変容させようとする際には，対象の行動・反応はどのように生起し，維持されるかを，対象の行動・反応と，その前後の刺激との関係から考える（図 8.1）．たとえば，人前で発表しようとすると過度に緊張してしまう人がいたとする．実は，この人は過去に人前で発表したときに，聴衆から鋭い視線を向けられており，「発表」と「鋭い視線」が，古典的条件づけにより結びついてしまっているのかもしれない．この場合，過度に緊張しないようにするには，「発表」から「鋭い視線」が連想されないように消去することが効果的だろう．あるいは，ほしいお菓子があると，ひたすら駄々をこねる子どもがいたとする．実は，この子が人前で駄々をこねると，親が静かにさせようとお菓子を買い与えてしまっており，道具的条件づけによって「駄々をこねる」行動が「お菓子を買ってくれる」という報酬によって強化されているかもしれない．この場合，「駄々をこねる」行動に対して親は「お菓子を買う」以外の行為で対応するようにすることで，駄々をこねる行動を消去できるだろう．このように，学習の原理を知り，その視点からなぜ行動・反応が生じているかを考えることは，行動を変えるために有効な手段を考えることに結びついている．

8.1.2　「みること」「まねること」による学習

　学習は自身の直接的な経験から生じるものだけとは限らない．人は，他者の行

動やその結果を観察する中で，行動の手順や，良し悪しなどを学習することもある．観察や他者との相互作用の中で生じる学習は**社会的学習**と呼ばれる．とくにヒトは他の動物種に比べて，複雑な模倣が可能であることが知られており，社会的学習は人の社会性の学習を支える重要な要素だと考えられている．

バンデューラ（Bandura, 1977）は社会的学習理論（後に社会的認知理論と改訂）の中で，社会的学習のプロセスを注意・保持・運動再生・動機づけの4つの段階から記述している．人は他者の行動を観察して学習する際，他者の行動の中から特徴を抽出し（注意），記憶の中に行動を表象として蓄える（保持）．行動に移すときには，記憶の中に保持されていた表象と一致するように調整しながら身体運動を遂行する（運動再生）．ただし，人は観察した行動をいつでも実行するとは限らない．学習した行動が実行されるかどうかは，その行動により望ましい結果が得られる（あるいは，望ましくない結果に至らない）と価値づけられているかに依存する（動機づけ）．

動機づけ段階にかかわる行動の価値づけもまた，直接的な経験によってのみ学習されるとは限らない．他者がある行動をとることでほめられているところを観察すれば，自分もその行動をとろうと思うだろう．逆に，他者がある行動を罰せられているのを観察すれば，自分はその行動をとるまいと思うだろう．他者がある行動によって報酬を得たり，罰を与えられたりするところを観察することで，観察者自身の行動の生起頻度も変化することは**代理強化**と呼ばれている．

社会的学習理論に関する実験として有名なものに，ボボドール実験がある．この実験では，子どもたちは，大人がボボドールと呼ばれる人形に対して荒っぽく振る舞っている映像を観察した．その後で子どもにボボドールを与えると，子どもたちもボボドールに対して荒っぽく振る舞うようになった．子どもたちは観察からボボドールに対してどのように振る舞うかを学習したと解釈されている（観察学習，モデリング）．実際に学習した行動が実行に移されるかは代理強化の影響を受ける．バンデューラの実験（Bandura, 1965）では，観察している映像の中で，大人が荒っぽく振る舞ったことでほめられている条件と，叱られている条件，そして他者から何のフィードバックも得ていない条件が設定されていた．子どもたちは映像の様子を再現するように言われた場合，条件にかかわらずほぼ同じ割合で荒っぽい振る舞いを再現しており，どの条件でも観察によって学習は成立していたと推測できる．一方で，自由に遊んでいいと言われた場合，荒っぽく振る舞った大人が叱られている映像をみた条件では，他の2つの条件に比べて，子どもが荒っぽい振る舞いをみせる割合は低くなっていた．この実験結果からは，子ども

たちは身のまわりの友だちや大人たちがどんな風に振る舞っているのか，また，その振る舞いがどう評価されているのかも観察し，学習していることがうかがえる（第 3 章，第 5 章参照）．

8.1.3　自分の中の基準に従った学習

バンデューラは社会的学習理論の中で，もう 1 つ学習の重要な形態として，自己調整と呼ばれる学習形態について論じている．道具的条件づけは，自身のとった行動に対して報酬や罰が与えられるという直接経験によって，行動の生起頻度が変化する現象である．しかし，日常生活の中では，自身のとった行動に対して即座に報酬や罰が与えられるとは限らないことも多々ある．たとえば，勉強やスポーツの練習は，すぐには結果が出るものではない．しかし，それでも「今日は勉強がうまく進んだ」「今日の練習はいまいちだった」と自分で評価し，次の日も同じことを続けるか別のやり方に切り替えるかを判断することがある．このように直接的に報酬や罰が与えられなくても，自己の内部にある認識に基づいて行動を変化させることをバンデューラは自己調整と呼んだ．

自己調整を行うための基準は，おもに 2 つの過程により獲得されると考えられている．1 つは，学習者自身の行動に対して他者から報酬や罰を与えられる経験を繰り返すことで，他者がもつ強化や罰の基準が学習者の認知の中に内在化されるという過程である．もう 1 つは，他者が他者自身の行動に対して報酬や罰を与えて自己調整する様子を観察することで，他者がもつ強化や罰の基準を学習するという過程である．自己調整の考え方は，子どもたちは，他者（大人）が自分や他の子ども・大人の行動を一貫した基準で評価しているのをみる中で，こうした基準を自分の中に取り込み，自ら主体的に行動を変化させるようになっていることを示唆している．

演習 8.2

ここまでに出てきた例を参考に，社会の中に広く受け入れられているルールや価値観を 1 つ取り上げ，そのルールや価値観がどのように学習されているかを直接経験と社会的学習の両方の視点から考えて（＋話しあって）みよう．

8.2　ほめるべきか，叱るべきか

8.2.1　ほめても叱っても変わらない？

　直接的な経験によるものにしても，観察や自己調整によるものにしても，学習の成立には報酬や罰が重要な役割を果たしていることは疑いようがない．では，他者に対して行動を変えようと働きかける際には，報酬と罰のどちらを使っても結果は変わらないのだろうか．たとえば，保育や教育の現場では，望ましい行動を増やし，望ましくない行動を減らそうという場合に，報酬としては「ほめること」が，罰としては「叱ること」が使われやすい．先ほどの疑問は，子どもの行動を変えるのに「ほめる」という方法と「叱る」という方法に違いはないのだろうか，と言い換えることもできる．

　実証的な知見からは，報酬と罰は必ずしも対称的なものではないということが示されている．報酬による行動の強化は比較的緩やかに生じるものの，ひとたび行動習慣が獲得されると，報酬が得られなくなっても行動習慣はなかなか消失しにくい．一方の罰は，対象の行動習慣を素早く強力に減少させる傾向にある．しかし，罰によって行動習慣を減少させる効果は一時的なものであり，罰が与えられ続ける環境下でも，行動習慣は徐々に元の水準に戻っていってしまう．加えて，罰を与えることをやめてしまうと，行動習慣は罰を与える前よりも高くなりやすい（罰対比効果）．これらは罰の純粋な学習効果を論じたものだが，他にも，罰，とくに力で押さえ込むような強い叱責や体罰は，与えられた受け手の情緒・対人関係の面で好ましくない影響を与えてしまう（Gershoff, 2002）．そのため，行動を変容させようとする際に強い罰を用いることは，学術的には推奨されていない（島宗ら，2015）．

8.2.2　よい「ほめる」とは？

　一般的にはほめること，そしてほめられようと接近的な動機づけをもつことは，叱ることや，叱られないように回避的な動機づけをもつことに比べて好ましいと考えられている．しかし，だからといってほめることはいつも良いことであるとは限らない．ほめることの中には学習や動機づけを阻害してしまうような逆効果なものもある（第 6 章参照）．実際にほめの効果を示した実験の結果をもとに，2つの架空のシナリオをつくってみたので，それぞれのシナリオを読み，問いについて考えながら読み進めてほしい．

演習 8.3

　ミオちゃんは絵を描くのが好きな女の子です．いつも自由遊びの時間は絵を描いて遊んでいます．ある日，ミオちゃんは先生から「もっとたくさん絵を描いたらご褒美に金メダルをあげる」と言われました．ミオちゃんはいつもよりたくさん絵を描いて，金メダルをもらいました．

（問）次の日の幼稚園での自由遊びの時間，ミオちゃんが絵を描く量は増えるだろうか？　減るだろうか？　①〜③の選択肢からあなたの予想に近いものを選び，その理由についても考えてみよう．
　①メダルをもらった後のほうが，絵を描く量が増える
　②メダルをもらった後のほうが，絵を描く量が減る
　③メダルをもらった後も変わらない

　演習 8.3 は，動機づけと報酬との関係を示した有名な実験（Lepper et al., 1973）をもとにしたシナリオである．この実験は幼児を対象としたもので，「お絵かきがたくさんできたらご褒美をあげよう」とあらかじめ予告されたうえでお絵かきをしてご褒美をもらった子どもたちは，ご褒美をもらわなかった子どもたちに比べて，自由時間にお絵かきをする時間が短くなるという結果を得た．したがって，演習 8.3 のシナリオでは，「②メダルをもらった後のほうが，絵を描く量が減る」という結果が予想される．ただし，この実験には続きがある．事前のご褒美の予告なしに，お絵かきをしてご褒美をもらった子どもたちもいたが，この子どもたちが自由時間にお絵かきをする時間は，ご褒美をもらわなかった子どもたちとあまり変わらなかった．同様の結果は他の世代を対象とした実験や課題状況を使った実験でも得られている．報酬をもらうこと自体ではなく，報酬がもらえるという期待ができたことが，内発的動機づけ（したい，という動機づけ）を低下させてしまうようだ．この現象は，**アンダーマイニング効果**と呼ばれている（第 6 章参照）．

　なぜアンダーマイニング効果が生じてしまうのだろうか．報酬には「よくできた」ということを伝える情報的側面と，「報酬をもらうためにやろう」ということを伝える制御的側面がある（Deci et al., 2001）．人は，自分が行動の原因でありたいという自律性の欲求をもつと考えられている．事前に報酬を予告するなどにより，その制御的側面が強調されてしまうと，自分がしたくてやっているとい

う感覚が薄らいでしまう. そのために内発的動機づけが低下し, 報酬の期待ができてしまった活動には, あまり自発的に取り組まなくなってしまうのである. 報酬を与えることで動機づけを下げないようにするには, 制御的側面が強調されないように注意する必要がある.

演習 8.4

　小学 1 年生になったばかりのハルトくんは算数が好きで, 家に帰ると毎日算数のドリルを解いています. 初めての算数のテストでハルトくんは 100 点をとりました.

（問）どんなほめ方をすると, 今後もハルトくんの算数への興味が続き, ドリルへの取り組みが続くだろうか？　①～③の選択肢からあなたの予想に近いものを選び, その理由についても考えてみよう.
　①「ハルトくんは賢いね！」と才能があるようなほめ方をする
　②「ハルトくん, よくがんばったね！」とよく努力していることをほめる
　③才能と努力のどちらをほめてもハルトくんへの影響は変わらない

　演習 8.4 は, 何をほめるかが後の動機づけを変えてしまうことを示した実験 (Mueller & Dweck, 1998) をもとにしたシナリオである. この実験では, 児童が算数の問題を解いた後, ある児童は「よくがんばったね」と努力がほめられ, 別の児童は「賢いね」と能力をほめられた. その後で児童が問題に取り組んだ量を, ほめ言葉をかけなかった児童も含めて比較すると, 努力をほめた児童では取り組む量が増えた一方で, 能力をほめた児童ではほめ言葉をかけなかった児童よりも取り組む量が減ってしまっていた. したがって, 演習 8.4 のシナリオでは「②『ハルトくん, よくがんばったね！』とよく努力していることをほめる」と, ハルトくんの取り組みが続くことが予想される. こうした結果は, 努力がほめられると, 自分の能力は努力で伸ばせるものだと思ってむずかしい問題にも挑戦していく一方で, 能力がほめられると, 自分の能力は生まれつき定まっているものだと思ってむずかしい問題は避けてしまうためだと考えられている. 成果や成功を学習者のどこに帰属してほめるのかは, 学習者の自己認識への影響を介して, 動機づけやその後の取り組みに影響を与えるようである（**原因帰属**）.

　こうした「ほめる」という行為がどのように内発的動機づけに影響を与えるかは, 図 8.2 のように整理されている (Henderlong & Lepper, 2002). ほめること

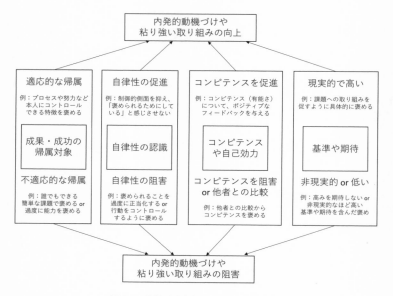

図 8.2　動機づけを左右するほめの特徴

出典：Henderlong & Lepper, 2002 を参考に作成.

の効果は，真正性，帰属の対象，自律性，コンピテンス（有能さ），そして，基準や期待という5つの観点によって左右されるとまとめられている．まず，ほめることが好ましい効果をもたらすには，受け手が「ほめ方がわざとらしい」とか「過剰だ」とは思わず，しっかり「ほめられた」と受け止められていることが前提となる（真正性）．そのうえで，努力などのコントロールできる要素に帰属されており（帰属の対象），自律性を促し（自律性），他者との比較によらずにコンピテンスの高さを認め（コンピテンスや自己効力），現実的で高い基準や期待を伝える（基準や期待）ようにほめることが内発的動機づけを促進するためには大事だと論じられている．もちろんほめの送り手と受け手の関係性や，受け手の年齢，状況などによっても左右される部分はあるが，この5つの観点を十分に満たせているかという視点から考えることは，個々の場面でどのようにほめればいいかを判断するうえで大事な視点である．

8.2.3　よい「叱る」とは？

ほめることがいつも良いことばかりだとは限らないように，叱ることのすべてが悪いとも限らない．確かに，罰による行動変容は短期的なものに限られること

がよく知られているほか，強い叱責や体罰は受け手の情緒・対人関係の面で好ましくない影響を残しやすいことも示されている．しかし，一方で，叱ることには，受け手である子どもが危険な行動を取ろうとしていることを伝えたり，道徳的・規範的な価値観を伝えたりするために有効なのではないかという見方もある．感情研究の中では，怒りという感情は，守るべき規範の逸脱が毀損されているという不当な事態を是正したいという意図を伝達する機能があるともいわれている．

　叱ることと関連して，どのような方法でしつけを行うことが道徳的・規範的な価値観の内在化に有効かをまとめた研究がある（Grusec & Goodnow, 1994）．子どもの価値観の内在化を促すようなしつけには，しつけのメッセージの内容が適切に伝えられ，そして子どもに受容されることが重要だと論じられている．メッセージの内容が適切に伝えられるためには，子どもに理解してもらえるように，受け手の知識構造に合わせてわかりやすく伝える必要がある．また，メッセージの内容が子どもに受容されるためには，叱られるということの適切さを根拠や事実をもとにはっきりと述べること，メッセージを受容したくなるように子どもへの共感を示すこと，そして，強制にならないように子ども自身の自律性も尊重することが必要である．叱るという行為はつい感情的になってしまいがちであるが，一度冷静になり，どうすれば受け手に伝わり，受け入れてもらえるかを考えることが大切である．

8.3 発達・成長を支える−ほめる・叱るを越えて−

　「ほめる」にしろ，「叱る」にしろ，受け手である子ども（学習者）の主体性を尊重し，自律的であろうという姿勢や有能さを獲得しようという志向性を妨げないように働きかけることが重要であるようだ．ライアンとデシ（Ryan & Deci, 2000; 2017）の**自己決定理論**は，人がもつ心理的欲求と，人の発達・成長とのかかわりについて論じたものとして，影響力のある理論である．理論全体を通して，成長し，有能で一貫した自己を確立させたいという人が本来もっている志向性を支援するような社会環境が，十全な発達と幸福には重要だと論じている．単に社会の価値を学習し，適応するというだけでなく，人がもつ可能性を伸ばすことで幸福な生き方を実現しようとするような，ポジティブ心理学的な側面にも焦点が当てられている．

　自己決定理論では，自律性の欲求，有能さの欲求，そして他者と良好な関係を築きたいという関係性の欲求の3つが心理的欲求として位置づけられている．これらの心理的欲求が満たされるような社会環境に身を置くことで，社会と個人の

表 8.1　心理的欲求を促す社会環境

心理的欲求	社会環境
自律性の欲求	自律性サポート ・他者の視点をとる ・心理的欲求の充足を育む ・根拠のある説明をする ・いろんなやり方・考え方を許容することを伝える ・辛抱強く待つ姿勢を見せる ・ネガティブ感情の表出も認め，受け入れる
有能さの欲求	（課題や目標の）構造 ・最適な挑戦を提供する ・期待を明確に伝える ・目標を明確に伝える ・進歩を促すような手助けを与える ・建設的なフィードバックを返す ・失敗も大きく許容する
関係性の欲求	かかわりあい ・社会的な相互作用を受け入れる ・パートナーとしての応答性を示す 　（理解，価値づけ，配慮） ・社会的な絆を結ぶ ・共同的な関係を築く ・個人的な会話，課題のサポート，協力とチームワーク，気にかけている 　ことや配慮を示す，友好的なコミュニケーション

出典：Reeve, 2018 を参考に作成.

価値観をうまく統合して自律的に振る舞えるように内在化が進んでいくと考えられている（表 8.1）．表に示したもの以外にも，教育的な活動においては，目標として競争や成果が重視され，取り組むべき課題の強制や制限が強いと，心理的欲求は阻害されてしまいやすいといわれている．心理的欲求が満たされやすい活動とは，個人の成長・熟達が目標として重視され，選択の自由があるものだと考えられている．また，他者との関係という視点では，教師との間であれ，友人との間であれ，自律性を認めてもらえるような関係が築けていることが心理的欲求の充足には重要である．過度に報酬や罰で行動を制限してしまったり，先回りして支援をしてしまうことで相手が主体的に振る舞う機会を奪ってしまったりすることは，心理的欲求を妨げることにつながりやすいと考えられている．

演習 8.5

　演習 8.1 で取り上げたルールや価値観を子どもに強制することなく身につけてもらうためには，教育環境をどのように整えるのが望ましいだろうか．本文中で紹介されているポイントをふまえて考えて（＋話しあって）みよう．

　本章では，人が社会集団のもつ価値観や行動様式を取り入れつつ，その中で主体性を発揮して幸福に生きていけるように成長することを，周囲の人々はどのように支えることができるのかについて，主に学習と動機づけにかかわる心の働きをふまえて考えてきた．人の学習は直接的な経験だけでなく，他者の行動やその結果，あるいは評価基準などを観察することによっても生じる．また，人は他者と良好な関係を築きながら，自律的に振る舞い，有能さを獲得しようと成長する志向性をもっている．こうした人がもつ学習の仕組みや，主体として成長しようとする志向性について理解し，学習や成長を妨げないように働きかけ，関係性を築くことが，教育に携わる者にとって大事な視点であろう．

文　　献

Bandura, A.：Influence of model's reinforcement contingencies on the acquisition of imitative responses. *Journal of Personality and Social Psychology*, **1**, 589-595, 1965

Bandura, A.：*Social Learning Theory*, Prentice-Hall, 1977

Deci, E. L., Koestner, R. & Ryan, R. M.：Extrinsic reward and intrinsic motivation in education：Reconsidered once again. *Review of Educational Research*, **71**, 1-27, 2001

Gershoff, E. T.：Corporal punishment by parents and associated child behaviors and experiences：A meta-analytic and theoretical review. *Psychological Bulletin*, **128**, 539-579, 2002

Grusec, J. E. & Goodnow, J. J.：Impact of parental discipline methods on the child's internalization values：A reconceptualization of current points of view. *Developmental Psychology*, **30**, 4-19, 1994

Henderlong, J. & Lepper, M. R.：The effects of praise on children's intrinsic motivation：A review and synthesis. *Psychological Bulletin*, **128**, 774-795, 2002

Lepper, M. R., Greene, D. & Nisbett, R. E.：Undermining children's intrinsic interest with extrinsic rewards：A test of the overjustification hypothesis. *Journal of Personality and Social Psychology*, **28**, 129-137, 1973

Mueller, C. M. & Dweck, C. S.：Praise for intelligence can undermine children's motivation and performance. *Journal of Personality and Social Psychology*, **75**, 33-52, 1998

小野浩一：行動の基礎－豊かな人間理解のために（改訂版），培風館，2016

Reeve, J.：*Understanding Motivation and Emotion*, 7th edition, Wiley, 2018

Ryan, R. M. & Deci, E. L.：Self-determination theory and the facilitation of intrinsic motivation, social development, and well-being. *American Psychologist*, **55**, 68-78, 2000

Ryan, R. M. & Deci, E. L.：*Self-determination Theory：Basic Psychological Needs in Motivation, Development, and Wellness*, Guilford Publications, 2017

島宗理・吉野俊彦・大久保賢一・奥田健次・杉山尚子・中島貞彦他：日本行動分析学会「体罰」に反対する声明．行動分析学研究，**29**, 96-107, 2015

将来に夢を抱けません，自分に自信が持てません，こんな自分はだめですか？

　夢を抱けないということは，あなたは将来に夢を抱きたいという希望があるのですね．また，自分に自信がもてないということは，もっと自信がもてる自分になりたいということでしょうか．「自分はだめではないか」とのご質問ですが，とんでもありません．自分と向きあうことは勇気が必要です．こんなに真剣に自分と向きあっているあなたは，とても素敵だと私は思います．

　自分の人生は一生かけてつくり上げていくものだと思います．ですから，若いときにでき上がっている必要は全くないのです．そもそも人間は神様ではありませんし，完璧な人間など存在しません．不完全な人間が生きるからこそ，生きる価値があるのです．この世界にはさまざまな不完全な人々が生きていますが，同じ人は1人もいません．歴史上でも宇宙の中でも，あなたは唯一無二の存在です．あなたの人生をつくり上げていくのは，あなたなのです．自分が主演・監督で，あなたの人生のドラマをつくれると思うとわくわくしませんか．

　まずは自分の夢をイメージしてみましょう．「自分は夢が抱けない」などと硬くならずに，なるべくリラックスして体を緩めて，ゆっくり深い呼吸を意識します．そして「夢」とか「希望」とか「好きなこと」などをゆったりと思い浮かべてください．「現実的に無理」とか「自分にはできない」などとブレーキをかけないで，自由なイメージの世界を楽しみましょう．イメージの世界に登場してきたものは，あなたにとって大切な種です．どんなことをイメージしましたか？忘れないように，そのまま書き留めておきましょう．

　次は，その種を育てます．あなたの書いたメモをみてみましょう．自分の夢や希望に「実現不可能」とか「力量不足」などとケチをつけないでください．あり得ないかもしれない夢や希望をもつことは自由です．自分の夢や希望を実現しなくてはいけないなんて法律はありません．「自分にはこんな夢や希望や好きなことがあるんだな～」と思うだけでOKです．もしもあなたの夢を静かにじっくりと聴いてくれる人がいるなら，その人に話してみましょう．話しているうちに，イメージが膨らんだり，明確になったり，整理されたりするかもしれません．たとえそういう相手がいなくても大丈夫です．そのときには一人二役で，自分がやさしいカウンセラー役も担当して，自分と会話をしてみましょう．

　そして，もしも夢に向かって今できる具体的な1歩がみつかったら，小さな1歩でも踏み出してみましょう．小さな1歩でも，その1歩分だけ夢に近づきます．たとえば，世界で活躍する有名人になりたいと思って，初めの1歩として，世界で活躍する格好いい有名人をネットで検索してもよいですし，英語力アップのために勉強を始めてもよいです．エベレストの登頂も家の玄関を出る1歩がなければ成し遂げられません．

　「自分は継続するのが苦手」などと邪魔者の声が聞こえたら，あっさりと無視しましょう．あなたはあなたのドラマの主演・監督なのですから！　2歩目に進みたくないなら，やめてよいのです．自分に向かって，先に進みたいか聞いてみます．2歩目は今あなたが居る地点から360度どこに進んでもよいのです．目指す目標に向かって最短で行く必要もありません．回り道をしてもOKです．さらに目指す目標を変えたくなってもOKです．大切なのは，一度しかない人生を，あなたが気に入るように生きることです．

　でも生きていると，自分の人生の先行きが明るく思えないときもあります．「出口のないトンネルはない」と言われても，出口の明かりがみえないと不安になるものです．そんなときは，とりあえず深呼吸しましょう．そして今，自分が居る場所を確認してから立ち上がり，周りを見回してみます．何が見えたり，聞こえたり，感じたりしますか？　それから出口に向かって，1歩を踏み出してみましょう．夢を抱けず，自信がもてない今の自分がスタート地点です．背伸びする必要はありません．自分に関心をもって，等身大の自分を大切によくみてみましょう．自分の弱いところや足りないところに気づいていることは大事です．気づいているということは取り組みが可能だからです．

　そのとき自信がもてなくても大丈夫です．今の自分に満足していない，自分の目指すところが先にあるということですから発展性があります．そうはいっても，自信がないことを実行するのは，格好が悪かったり劣等感が刺激されたりして辛いかもしれません．しかし重大な危険がなければ，あなたがやりたいことにチャレンジしてみましょう．うまくなるためには失敗する必要もあります．初めから自転車に乗れたり泳げる人はめずらしいです．失敗を含めて体験をすることで上達します．自信はこうした体験の後からついてくるものです．自信とは，体験の薄紙を重ねあわせて，丈夫な厚紙になるイメージです．あなたは，どんな体験の薄紙を重ねていきたいですか．

　人生は後戻りできません．人が生きられるのは，過去でも未来でもなく今だけです．今のあなたを大切に生きていきましょう！　あなたは，あなたでよいのです．

索 引

編著者略歴

高櫻綾子
_{たかざくらあやこ}

2011 年　東京大学大学院教育学研究科
　　　　博士後期課程修了
　　　　日本女子大学家政学部専任講師を経て
現　在　青山学院大学教育人間科学部准教授
　　　　博士（教育学）

子どもの育ちを考える　教育心理学

人間理解にもとづく保育・教育実践　　　定価はカバーに表示

2021 年 7 月 1 日　初版第 1 刷
2024 年 9 月 15 日　　　第 3 刷

編著者　高　櫻　綾　子

発行者　朝　倉　誠　造

発行所　株式
　　　　会社　朝　倉　書　店

　　　　東京都新宿区新小川町 6-29
　　　　郵便番号　162-8707
　　　　電　話　03 (3260) 0141
　　　　F A X　03 (3260) 0180
　　　　http://www.asakura.co.jp

〈検印省略〉

シナノ印刷・渡辺製本

ISBN 978-4-254-60026-1　C 3077　　　　　Printed in Japan

宮教大 小田隆史編著

教師のための防災学習帳

50033-2 C3037　　　　　　　　B 5 判 112頁 本体2500円

教育学部生・現職教員のための防災教育書。〔内容〕学校防災の基礎と意義／避難訓練／ハザードの種別と地形理解，災害リスク／情報を活かす／災害と人間のこころ／地球規模課題としての災害と国際的戦略／家庭・地域／防災授業／語り継ぎ

帝塚山大 伊藤良子・前富山大 津田正明編
情動学シリーズ 3

情 動 と 発 達・教 育
―子どもの成長環境―

10693-0 C3340　　　　　　　A 5 判 196頁 本体3200円

子どもが抱える深刻なテーマについて，研究と現場の両方から問題の理解と解決への糸口を提示。〔内容〕成長過程における人間関係／成長環境と分子生物学／施設入所児／大震災の影響／発達障害／神経症／不登校／いじめ／保育所・幼稚園

前国立成育医療研 奥山眞紀子・慶大 三村　將編
情動学シリーズ 8

情 動 と ト ラ ウ マ
―制御の仕組みと治療・対応―

10698-5 C3340　　　　　　　A 5 判 244頁 本体3700円

根源的な問題であるトラウマに伴う情動変化について治療の視点も考慮し解説。〔内容〕単回性・複雑性トラウマ／児童思春期(虐待，愛着形成，親子関係，非行・犯罪，発達障害)／成人期(性被害，適応障害，自傷・自殺，犯罪，薬物療法)

前筑波大 海保博之監修　帯広畜産大 渡邊芳之編
朝倉心理学講座 1

心 理 学 方 法 論

52661-5 C3311　　　　　　　　A 5 判 200頁 本体3400円

心理学の方法論的独自性とその問題点を，近年の議論の蓄積と現場での実践をもとに提示する。〔内容〕〈心理学の方法〉方法論／歴史／測定／〈研究実践と方法論〉教育実践研究／社会心理学／地域実践／研究者と現場との相互作用

前筑波大 海保博之監修　慶大 鹿毛雅治編
朝倉心理学講座 8

教 育 心 理 学

52668-4 C3311　　　　　　　　A 5 判 208頁 本体3400円

教育実践という視点から，心理学的な知見を精選して紹介する。〔内容〕教育実践と教育心理学／個性と社会性の発達／学習する能力とその形成／適応と障害／知識の獲得／思考／動機づけ／学びの場と教師／教育の方法／教育評価

前筑波大 海保博之監修　同志社大 鈴木直人編
朝倉心理学講座 10

感 情 心 理 学

52670-7 C3311　　　　　　　　A 5 判 224頁 本体3600円

諸科学の進歩とともに注目されるようになった感情(情動)について，そのとらえ方や理論の変遷を展望。〔内容〕研究史／表情／認知／発達／健康／脳・自律反応／文化／アレキシサイミア／攻撃性／罪悪感と羞恥心／パーソナリティ

前筑波大 海保博之監修
元早大 佐古順彦・武蔵野大 小西啓史編
朝倉心理学講座 12

環 境 心 理 学

52672-1 C3311　　　　　　　　A 5 判 208頁 本体3400円

人間と環境の相互関係を考察する環境心理学の基本概念およびその射程を提示。〔内容〕〈総論：環境と人間〉起源と展望／環境認知／環境評価・美学／空間行動／生態学的心理学／〈各論〉自然環境／住環境／教育環境／職場環境／環境問題

東大 秋田喜代美監修　東大 遠藤利彦・東大 渡辺はま・東大 多賀厳太郎編著

乳 幼 児 の 発 達 と 保 育
―食べる・眠る・遊ぶ・繋がる―

65008-2 C3077　　　　　　　　A 5 判 232頁 本体3400円

東京大学発達保育実践政策学センターの知見や成果を盛り込む。「眠る」「食べる」「遊ぶ」といった3つの基本的な活動を「繋げる」ことで，乳幼児を保育学，発達科学，脳神経科学，政治経済学，医学などの観点から科学的にとらえる。

青学大 高櫻綾子・日本女大 請川滋大編著

子どもの育ちを支える 発 達 心 理 学

60021-6 C3077　　　　　　　　A 5 判 176頁 本体2500円

保育・福祉・教育系資格取得のために必要な発達心理学の基礎知識をコンパクトにまとめたテキスト。〔内容〕発達心理学とは／発達研究・理論／人間関係／言語／学習・記憶／思考・知能／自己形成／発達援助／障碍，臨床／子育て支援／他

青学大 高櫻綾子編著

子どもが育つ遊びと学び
―保幼小の連携・接続の指導計画から実践まで―

65007-5 C3077　　　　　　　　A 5 判 148頁 本体2500円

子どもの長期的な発達・成長のプロセスを支える〈保幼小の連携・接続〉の理論とカリキュラムを解説する。〔内容〕保育所，幼稚園(3歳未満児および3歳以上児)，認定こども園／小学校(低中高学年)／特別支援学校／学童保育／他

上記価格（税別）は 2024 年 8 月現在